目錄

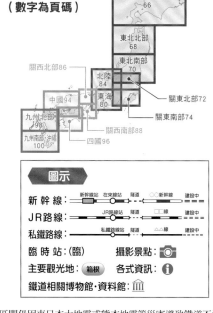

全日本鐵道地圖索引
（數字為頁碼）

北海道 66
東北北部 68
東北南部 70
關西北部 86
北陸 84
關東北部 72
中國 94
東海 80
關東南部 74
九州北部 98
關西南部 88
九州南部・沖繩 100
四國 96

圖示

新幹線：新幹線站 在來線站 隧道 ○○新幹線 建設中

JR路線：JR路線站 隧道 □□線 建設中

私鐵路線：私鐵路線站 隧道 △△線 建設中

臨時站：(臨)　　攝影景點：📷

主要觀光地：箱根　　各式資訊：ℹ

鐵道相關博物館・資料館：🏛

有些區間仍因東日本大地震或熊本地震等災害導致鐵道不通。修復所需時間各異，因此請於各公司官網確認最新的運行狀況。

鐵道照片學校 ❶

本書中設計了幾頁「鐵道照片學校」，好讓大家拍出更完美的鐵道照片。「在看得見鐵道的設施裡拍攝」的篇章中，還介紹了用智慧型手機拍攝時的技巧。不妨仔細閱讀，一步步掌握拍照的技巧，學會拍出更美、更具震撼力的攝影手法吧。

照片的類型

鐵道照片可依拍攝方式與拍攝場所分為「形式照」、「編制照」、「鐵道風景照」、「意象照」與「鐵道快照」5大類。

❶形式照

所謂的形式照是指整體車輛如汽車型錄般一目了然的照片。

 拍攝重點

使用50～70mm標準焦段的鏡頭，彎曲幅度小較適合拍攝。使用廣角鏡頭會導致車廂變形，200mm的望遠鏡頭則會壓縮整體構圖，致使難以看出側面的構造。

❷編制照

所謂的編制照是指奔馳中的車廂編制照。

 拍攝重點

在沿線選擇拍攝地點時，找到能配合編制車廂數的地點十分關鍵。

若是未電氣化的路線或是雖已電氣化但為單線的區間，因為不必在意架線柱，故便於拍攝。

若要在複線區間拍攝列車往右行駛的身影，拍攝地點就會落在面向列車的左側。在架線柱與架線柱之間捕捉車輛，即可拍出無架線柱入鏡的照片。

❸鐵道風景照

拍攝使山光水色或季節花草等沿線風景入鏡的照片即為鐵道風景照。

 拍攝重點

主體是風景，所以列車變小也無所謂。然而列車如果小過頭，便會淪為普通的風景照。尤其是以廣角鏡頭大範圍捕捉風景，會導致難以辨識列車的存在，因此最好特別留意。

P2～3為「照片的類型」，P18～21為「在看得見鐵道的設施裡拍攝」，P42～43為「嘗試在車站內拍攝」，P50～51為「拍攝訣竅」，P62～65為「夢幻共演！以電車組成的合成照」

❹意象照

拍攝自己覺得好的畫面即為意象照。拍攝車輛的局部特寫、剪影或是覺得很酷的東西。漸漸習慣後，還能拍出邊移動相機邊配合列車動態來拍攝的「追焦攝影」等。

 拍攝重點

運用逆光攝影、低角度仰拍（從低處拍攝）、廣角、魚眼鏡頭或慢速快門（調慢快門的速度），即可拍出與平常有別的意外照片，不妨嘗試看看。

❺鐵道快照

和鐵道相關的人事物全是拍攝對象。
從車站或車窗看到的風景、鐵道的標誌、鐵路便當等，隨心所欲地按下快門吧。

 拍攝重點

拍攝快照時最重要的是想拍就能立即捕捉，因此小型相機或無反光鏡相機這類較輕巧的相機較為合適。當然也可以用智慧型手機拍攝。

構圖方法

不僅限於鐵道照片，在各種類型的照片中，將拍攝對象擺在畫面正中央的拍攝方式就好比將紅色圓形配置於中央的日本國旗，故稱為「日之丸構圖」，最好避免這種構圖。

照片3

照片1

照片2

照片1是在列車車頭來到畫面中央時按下快門，因此右側變得太寬，整體平衡不佳。

照片2是待列車駛至畫面前方才按下快門，因此不會形成「日之丸構圖」，改善了照片整體的平衡。

「日之丸構圖」並非全都不可行，有時運用在單向列車或像照片3這類車廂編制較短的列車上效果絕佳。拍攝時，根據列車狀態決定構圖是很重要的。

新幹線

新幹線是日本最快速的列車。於1964年10月，也就是東京奧運舉辦前不久首次通車。東海道新幹線0系「光號」以最高時速210km奔馳，當時被譽為「夢幻的超特急」。

自新幹線開通以來已超過50年，如今北從北海道新幹線、南至九州新幹線，含迷你新幹線在內一共有9條路線運行。E5系／H5系、E7系／W7系中，還與比綠色車廂更高級的「Gran Class」連結。

北海道新幹線　E5系／H5系 — 隼號（最高時速320km）

E5系／H5系的「隼號」是新幹線中最快速的車輛，以最高時速320km奔馳於東京站～新函館北斗站之間，所需時間約4小時20分鐘。H5系為JR北海道所使用的列車，E5系則是JR東日本所使用的列車。

行駛於各地的新幹線

札幌
北海道新幹線　新函館北斗
新青森
秋田新幹線
秋田　盛岡
山形新幹線　新庄
上越新幹線　仙台
北陸新幹線　新潟
福島
北陸新幹線　上越妙高
東北新幹線
金澤　富山　長野
磁浮中央新幹線　高崎
敦賀　大宮
京都　東京
岡山　新神戸　名古屋
廣島　新大阪　靜岡
浜松
東海道新幹線
博多　小倉
山陽新幹線
武雄溫泉　熊本
長崎
九州新幹線
鹿兒島中央

<新幹線>　（建設中·規劃）
—— JR北海道　- - - -
—— JR東日本
—— JR東海　- - - -
—— JR西日本
—— JR九州

<迷你新幹線>
—— JR東日本

東北新幹線　E2系 ── 疾風號‧山彥號‧那須野號（最高時速275km），E5系／H5系 ── 隼號‧疾風號‧山彥號‧那須野號（最高時速320km）

E5系／H5系隼號

上越新幹線　E4系 ── Max朱鷺號（最高時速240km）

E4系Max朱鷺號

上越新幹線連結了東京站與新潟站。「朱鷺」之名是取自有「象徵日本之鳥」美譽的佐渡朱鷺。車輛全為上下層構造且以世界最大乘客數著稱。「谷川號」與「Max谷川號」是運行於東京站～越後湯澤‧Gala湯澤站之間。

E2系

東北新幹線有E2系的「疾風號」、「山彥號」與「那須野號」，從東京站駛至新青森站。E5系／H5系的「隼號」則是東北新幹線的主力車輛（也有部分採用「疾風號」、「山彥號」與「那須野號」）。「隼號」是從東京站通往新青森‧新函館北斗站（JR北海道）。「疾風號」主要通往盛岡站，「山彥號」是通往仙台‧盛岡站，「那須野號」則是駛至那須鹽原‧郡山站。

北陸新幹線　E7系／W7系 ── 光輝號、白鷹號、劍號、淺間號（最高時速260km）

E7系／W7系

「光輝號」是行駛於東京站～金澤站之間最快速的車種，「白鷹號」則於長野站～金澤站之間行駛且各站停車（部分「白鷹號」未停靠飯山站）。「劍號」運行於富山站～金澤站之間，「淺間號」則行駛於東京站～長野站之間。優美的流線型車輛連結首都東京～北陸金澤，兩地間車程約2小時30分鐘。北陸新幹線的開通讓金澤與北陸的旅遊變得方便，也因此開始湧入大批觀光客。

東海道新幹線　N700A ── 希望號、光號（最高時速285km）

N700A

東海道新幹線（JR東海）大多直通山陽新幹線（JR西日本），因此又合稱為東海道‧山陽新幹線。東海道新幹線是最早開通的新幹線，且因為是世界上第一條高速鐵道而舉世聞名。

N700A是N700系的改良型車輛，運用於「希望號」、「光號」與「回聲號」。

山陽新幹線

500系

N700系7000番台

凱蒂貓新幹線500系

九州新幹線開通後，JR西日本的山陽新幹線直通JR九州的九州新幹線的列車增加，因此有時又稱為山陽‧九州新幹線。山陽新幹線沿途隧道雖多，但從車窗可看到姬路城、岡山城、福山城與廣島城等城。

「希望號」主要奔馳於東京站～博多站之間，是N700系中最快速的列車。「瑞穗號」的所有列車皆為N700系，以最快速度行駛於新大阪站～鹿兒島中央站之間。「櫻號」則是N700系7000番台，於新大阪站～鹿兒島中央站之間進行直通運轉。「光號」於山陽新幹線內會停靠主要車站，部分700系暱稱為「光號鐵道之星」。「回聲號」是以500系車輛為主的列車，於山陽新幹線內的新大阪站～博多站之間為各站停車。自2018年起，以500系彩繪而成的「凱蒂貓新幹線」開始運行於新大阪站～博多站之間，備受大人小孩喜愛。

九州新幹線

800系 —— 燕號（最高時速260km）

800系

九州新幹線於2011年全線開通，為九州地區的新幹線。車頭上加了燕子飛翔的插畫。車窗遮陽簾是採用九州產的山櫻製成，洗手間的繩狀暖簾則運用了八代草等當地的素材。座椅上有新幹線首度採用的西陣織風坐墊，坐起來相當舒適而頗受好評。

800系的「燕號」連結博多站～鹿兒島中央站，車程約1小時20分鐘，是以700系為基礎打造而成。

山形新幹線

E3系 —— 翼號（最高時速275km＜在來線區間則為130km＞）

E3系

山形新幹線是採用迷你新幹線的模式，東京站～福島站是使用東北新幹線的路線，從福島站直通運轉至在來線的奧羽本線，途經山形站後直駛至新庄站，屬於JR東日本的路線。從東京出發，約2小時40分鐘即達山形。沿線有許多溫泉地，藏王溫泉即為其一，是擁有1900年歷史的名湯。散發獨特氣味的乳白色泉湯備受喜愛，一年到頭都有觀光客走訪。

迷你新幹線
指利用在來線路線行駛的新幹線，將軌距1067mm加寬成新幹線的軌距1435mm。原本是在來線，因此車輛規格與在來線一致。

秋田新幹線　E6系 ── 小町號（最高時速320km ＜在來線區間則為130km＞）

E6系

採用迷你新幹線的模式運行。從盛岡站到秋田站是行駛於田澤湖線・奧羽本線，從東京出發不到4小時即抵達秋田。從秋田站到大曲站這段區間，奧羽本線與田澤湖線呈「r」字狀，因此會朝後方行駛，這也是秋田新幹線的特色。可坐在2列×2列的寬敞座位上享受悠哉的旅程。

現美新幹線　E3系700番台 ──（最高時速210km）

E3系700番台

現美新幹線是以美術為主題的「愉快列車」。名字「現美」是現代美術的簡稱。車身以黑色為基本色調，描繪了彩綴夏季夜空的長岡煙火。車內則展示著宛如美術館般的藝術品。

新幹線電氣軌道綜合檢測車

以約10天1次的週期行駛，沿途檢測軌道彎曲程度、架線狀態與信號電流狀況等，以確保高速行駛的新幹線能安全運行，可謂「新幹線的醫生」。923形以黃色醫生之暱稱備受喜愛。

923形（黃色醫生）

E926形 East i

有時會在看得見新幹線的車站等處偶然撞見其身影，因此又有「運送幸福的黃色新幹線」之稱。運行日與時刻表不會對外公開，因此若能不期而遇就太幸運了。

為了在迷你新幹線的山形新幹線與秋田新幹線區間內也能運行而打造的車輛。最高時速為275km，以「世界上速度最快的檢測車輛」獲得金氏世界紀錄的認定。

未來的新幹線

超電導磁浮 L0 系

磁浮中央新幹線以最高時速500km行駛，最快67分鐘即可從品川抵達大阪，有次世代的「夢幻超特急」之美譽。預計2027年開通品川～名古屋之區間。之後預計會延伸至大阪。到了全線開通之際，日本會是怎樣的面貌呢？

N700S

JR東海以N700系全面改版而成的N700S測試車已經展開試運行。不僅馬達輕量化，還導入電池自走系統，於遭逢地震等而停電的狀況下，可自力行駛移動至安全的場所，同時力圖提升剎車性能，以求緊急時刻可於短時間內停車。普通車廂的理念為「創造出機能性佳又舒適的空間」，可調式座椅也變得更加舒適。預計於2020年度開始投入商轉。若時機剛好，說不定能看到正在試運行的N700S。

JR特急列車

E657系

特急是「特別急行列車」的簡稱。會停靠大都市與觀光地的車站，但中途站點均過站不停，因此為該路線中速度最快的列車。

有些車輛會加寬腳邊的空間，以求長距離行駛期間能舒適度過，有些車輛則強化了耐寒抗雪能力，還有些車輛設置了展望席。別緻又帥氣的車頭頗受喜愛。

JR 北海道

JR北海道的特急加上了防風雪的設計，可平穩舒適地行駛。車前燈設置於高處也是因為如此。奔馳於廣闊大地上的身姿美麗動人，備受歡迎。

281系

連結札幌站與函館站的特急列車「超級北斗號」。沿途有登別與洞爺的溫泉地，還有廣闊美景延展開來的大沼國家公園等知名觀光地。

JR 北海道特急運行系統圖

宗谷號　丁香號　稚內　佐呂別號

鄂霍次克號

札幌　旭川　網走

神威號　大雪號

超級北斗號　北斗號　南千歲　苫小牧　超級十勝號　釧路

鈴蘭號　帶廣

新函館北斗　東室蘭

函館　室蘭　超級大空號

—— 北海道新幹線

789系

789系是運用於「丁香號」、「鈴蘭號」與「神威號」的車輛。「丁香號」與「神威號」連結了札幌與旭川的大都市，「鈴蘭號」則是連結札幌站與室蘭站的特急列車。

785系

「鈴蘭號」是以789系與785系奔馳於札幌站～東室蘭・室蘭站間。白老站～沼之端站間約29km，為日本最長的直線區間。目光望向山側，可望見身姿優美的樽前山。

261系

「超級十勝號」連結了札幌站與帶廣站。車輛是以北國雪為意象的白色作為基本色調，從前面延伸至車身側邊的薰衣草紫色條紋煞是美麗。

183系

「鄂霍次克號」是道東的代步工具，即便是下雪的日子仍於札幌站～網走站之間鏗鏘有力地行駛。2018年變更了車廂編制，與加高地板而改善展望視野的雙層車廂連結。

283系

「超級大空號」是行駛於札幌站～釧路站之間的特急，採用控制型自然擺式的車體傾斜模式。車體局部漆成紅色，是以丹頂鶴為意象的配色。

用語解說

雙層車廂
將客室地板配置於較高位置的車輛。可改善視野，因此多運用於觀光路線上，愉快列車與部分綠色車廂即採用此款車廂。

擺式車廂
過彎時身體會因朝外側的離心力作用而傾斜。此款車廂讓車體本身朝內側傾斜，藉此抵銷離心力，力圖改善乘坐舒適度並提高速度。

JR 東日本

JR東日本鐵道是以首都圈為中心並涵蓋至東北地區，有大量特急運行。通往觀光地的列車不計其數，因此加大車窗以改善視野，或是設置長距離也能輕鬆度過的座席。

E353系

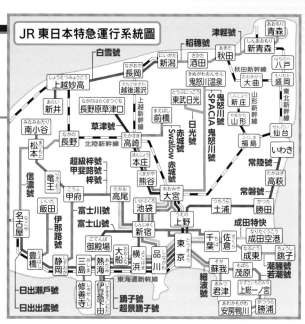

JR 東日本特急運行系統圖

「超級梓號」以約2小時40分鐘的車程連接新宿站～松本站。「E353系」導入了「空氣彈簧式車體傾斜裝置」，在彎道多的區間仍可維持速度。

E657系

「常陸號」與「常磐號」行駛於品川·東京·上野站～水戶·磐城站之間。全車均為指定席。

E259系

「成田特快」直接連結起東京站、新宿站、大宮站等主要車站與「日本天際玄關口」成田機場。成田機場為國際機場，因此也有不少外國人搭乘。

251系

「超景踴子號」只需2小時40分鐘左右即從東京站直抵伊豆急下田站。因為是雙層車廂，所以視野極佳，可度過悠緩的時光。

185系

「踴子號」和「超景踴子號」一樣，都是通往伊豆急下田站，不過有部分是從熱海站發車，行經三島站，直通運轉至修善寺站。

255系

運用於「若潮號」與「細波號」，從市中心出發駛於外房線·內房線上，往房總半島前進。房總半島全年都很溫暖，因此這條路線常因度假客而熱鬧不已。

E257系500番台

「若潮號」、「細波號」與「潮騷號」行駛於內房線或外房線等路線上。是以房總半島豐饒大自然為主題設計而成的車輛。

651系1000番台

「Swallow赤城號」與「赤城號」行駛於上野·新宿站～前橋站之間，也用於通勤與通學。「草津號」則是連結上野站～長野原草津口站，馳過伊香保與草津等溫泉地。

751系

「津輕號」是從秋田站發車，行經東能代站·弘前站，通往青森站。岩木山是有「津輕富士」與「岩木殿下」之稱而為人所熟悉的山，可從車窗觀賞其雄偉的身姿。

253系1000番台

「日光號」是從新宿站出發，通往坐擁世界遺產的日光，「鬼怒川號」則是從新宿通往關東屈指可數的溫泉地鬼怒川的列車。日光與鬼怒川都可以從東京出發當天往返的觀光地。

E653系

車頭展現出優雅與力度。「稻穗號」行駛於新潟站～秋田站之間，「白雪號」則是於新潟站～上越妙高·新井站之間運行，可從車窗眺望妙高山。

注意：JR特急會與其他JR公司互相串聯，因此會連同相關JR公司的區域一起標示出來。

JR 東海

JR東海的特急不多，但仍有列車通往觀光地。加寬車窗改善了視野而冠上「Wideview」之稱的列車也是其中之一。

373系

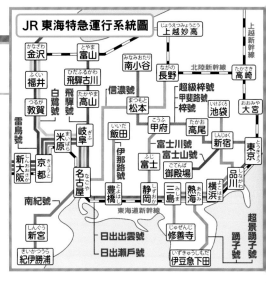

JR 東海特急運行系統圖

從「Wideview伊那路號」的車窗可望見天龍川，自古以來有「暴烈之川」或「狂暴天龍」之稱，以急流為人所知。中井侍站與為栗站等被譽為祕境車站，吸引大批觀光客來訪。

383系

KIHA85系

「Wideview信濃號」行駛的中央本線是曲線較多的區間，因此設計成控制型自然擺式的車輛，於曲線出入口處控制擺動角度以改善乘坐舒適度，同時提高了速度。從沿線的姨捨站可眺望日本三大車窗之一的「善光寺平」。

從「Wideview飛驒號」的車窗可觀賞木曾川沿岸的溪谷，風景近似流經歐洲的萊茵河，故而冠上「日本萊茵河」之名。越中八尾站所在地富山市八尾所舉辦的「歐瓦拉風盆祭」，吸引觀光客自日本各地來訪，為的是一睹其優雅的舞蹈。

「Wideview南紀號」也是採用KIHA85。從名古屋站通往新宮・紀伊勝浦站。從以松阪牛聞名的松阪站一帶可眺望伊勢灣，從尾鷲站附近可再度看到大海。再往前行還有世界遺產熊野古道、熊野本宮大社與那智瀑布等觀光景點。

JR 西日本

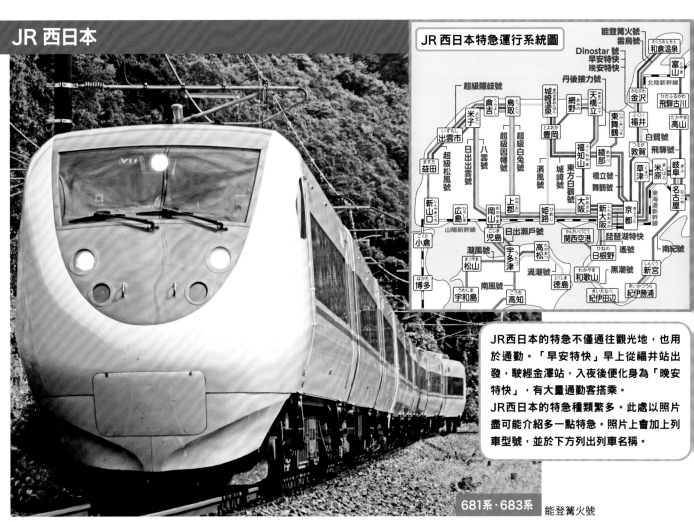

JR 西日本特急運行系統圖

JR西日本的特急不僅通往觀光地，也用於通勤。「早安特快」早上從福井站出發，駛經金澤站，入夜後便化身為「晚安特快」，有大量通勤客搭乘。
JR西日本的特急種類繁多。此處以照片盡可能介紹多一點特急。照片上會加上列車型號，並於下方列出列車名稱。

681系・683系　能登篝火號

683系4000番台

雷鳥號

281系

遙號

KIHA189系

濱風號、琵琶湖特快

681系與683系是運用於「雷鳥號」、「琵琶湖特快」、「白鷺號」、「Dinostar號」、「能登篝火號」、「早安特快」與「晚安特快」。

「白鷺號」駛過東海道本線的米原站後，可於左手邊看到琵琶湖湖面與豐臣秀吉居住過的長濱城。從福井站開始即可展望廣闊的福井平原、白山與連綿山巒。行經蘆原溫泉站、加賀溫泉站等北陸代表性的溫泉地後抵達金澤站。

381系

八雲號

283系

黑潮號（海洋飛箭號）

289系

東方白鸛號、城崎號、黑潮號、橋立號

287系

東方白鸛號、城崎號、黑潮號、橋立號、舞鶴號

KIHA187系

超級因幡號、超級隱岐號、超級松風號

KTR8000系

橋立號、舞鶴號（京都丹後鐵道海洋車輛）

HOT7000系

超級白兔號

JR 四國

JR四國的特急特色在於有許多以輕油為燃料的柴油車。「潮風號」是從岡山站出發，橫渡瀨戶大橋，連接宇多津站～今治・松山站之間的特急，可於行駛途中展望瀨戶內海。

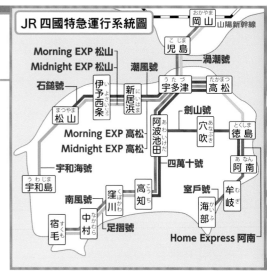

JR 四國特急運行系統圖

岡山 山陽新幹線
児島
Morning EXP 松山
Midnight EXP 松山
潮風號
渦潮號
宇多津
高松
石鎚號
伊予西条
新居浜
剣山號
穴吹
徳島
松山
阿波池田
Morning EXP 高松
Midnight EXP 高松
四萬十號
阿南
宇和海號
宇和島
南風號
窪川
高知
室戶號
牟岐
海部
宿毛
中村
足摺號
Home Express 阿南

8600系

8600系的「石鎚號」與「潮風號」在設計上別具特色，前面像蒸氣機關車，客室裡的綠色或黃色座椅十分豪華，也有無障礙車輛，是近代型的列車。於2014年登場。

8000系

「石鎚號」、「潮風號」、「Morning EXP松山」、「Midnight EXP松山」、「Morning EXP高松」與「Midnight EXP高松」的車頭設計令人聯想到新幹線，是代表JR四國的特急列車。愉快列車「麵包超人列車」中也採用了無障礙設計的車輛與洗手間，以及以木材包覆柱子與手把的指定席，備受青睞。

2000系

「四萬十號」、「宇和海號」、「足摺號」、「Midnight EXP松山」、「Morning EXP高松」、「Midnight EXP高松」與「南風號」所用的2000系，不僅在1990年獲得「鐵道友之會桂冠獎」，還獲頒「通產省優良設計獎」（頒給優秀技術與設計兼具的商品），為JR四國的名車。打著「改變通往四國的交通時間」的標語登場，也確實縮短了所需時間。

2600系

此車系以最高時速120km奔馳，為JR四國最新型的特急列車，從2017年12月起以「渦潮號」之姿開始行駛於高松站～德島站之間（高德線）。作為予讚線・土讚線・高德線特急列車使用至今的2000系變得老舊，故而改用這款新型車輛。

185系

「渦潮號」、「剣山號」、「室戶號」與「Home Express阿南」的185系為輕量不鏽鋼車體，力圖實現輕量化。雖為上個時代的特急，但如今仍充滿活力地奔馳著。

JR 九州

JR九州的特急有不少設計優良的列車運行。九州新幹線開通後，別具特色的車輛也備受歡迎。九州的列車多不勝數，更有「特急王國」之稱。

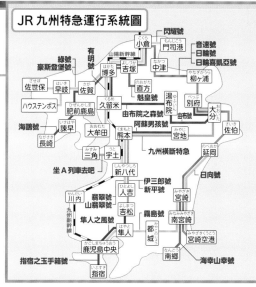

JR 九州特急運行系統圖

885系

「海鷗號」與「音速號」所使用的是885系。為了和787系作區分，「海鷗號」又稱為「白色海鷗號」，行駛於博多站～長崎站之間。「音速號」也一樣暱稱為「白色音速號」，從博多站出發駛經東南側，往大分·佐伯站方向前進。

787系

以「日向號」、「海鷗號」、「魁皇號」、「日輪號」、「日輪喜凱亞號」、「有明號」與「閃耀號」之姿運行。該車輛由知名設計師操刀打造，並獲頒由鐵道友之會會員投票決定的藍絲帶獎。還可在自助式餐廳享用輕食。

KIHA185系

運用於「由布號」與「九州橫斷特急」。「九州橫斷特急」是從別府站通往熊本站，但是受到熊本地震的影響，目前僅別府站～阿蘇站之間照常運行。別府為日本規模最大的溫泉地，阿蘇也有廣闊又壯觀的風景，是九州數一數二的觀光地。

783系

運用於「豪斯登堡號」、「閃耀號」、「海鷗號」、「綠號」、「日輪號」、「日輪喜凱亞號」、「日向號」、「霧島號」與「魁皇號」。車輛是以輕量的全不鏽鋼打造而成，大型前車窗呈傾斜狀，令人感受得到速度感。為了能從客室內望見前方而費了番功夫。

883系

「sonic」是英語「音速」之意，以快速列車為意象加以命名。車門口散發著豪華的氛圍，讓人對旅程益發期待。此列車設有可望見駕駛艙的展望室，還有用木製地板打造而成的客室等，隨處可見的美麗設計備受喜愛。

私鐵特急列車

營運豪華特急列車的可不只有JR。民間公司經營的私鐵也有採用個性豐富的車輛,作為特急列車行駛於全日本各地。其中有些車輛裡配置了豪奢的裝潢、賞景專用展望室、可全家一起放鬆休息的包廂等,讓人對旅程的期待益發高漲。

東武鐵道

由各種類型的特急列車連接淺草與日光・鬼怒川・赤城一帶。

❶ 「SPACIA」(100系)是運用於特急「鬼怒號」與「華嚴號」,連接淺草站與東武日光站・鬼怒川溫泉站;部分列車還可與JR新宿站互相串聯

❷ 特急「兩毛號」(200型)。連結淺草站與赤城站

❸ 特急「Revaty號」(500系)。從淺草站出發,與東武日光站・會津田島站一帶等互相串聯

❹ 特急「霜降號」(350型),連結淺草站與東武日光站

小田急電鐵

「浪漫特快」是私鐵最具代表性的豪華列車。連接新宿與小田原・箱根・江之島。

⑤ 最新型浪漫特快「GSE」（70000型）。以最前面的展望席著稱

⑥ 浪漫特快「MSE」（60000型）。為首度與東京Metro千代田線互相串聯的浪漫特快

⑦ 浪漫特快「VSE」（50000型）。除了展望席外，還備有如包廂隔間的沙龍式座位

⑧ 浪漫特快EXEα（30000型）是以既有的EXE翻新而成

西武鐵道

以「紅箭號」連結池袋・西武新宿與西武秩父・本川越。

⑨ 第2代的10000系「新紅箭號」

京成電鐵

以「Skyliner」連結上野與成田機場。

⑩ 第2代AE型的「Skyliner」。以時速160km行駛，是日本國內速度最快的在來線

富士急行

富士急行連結了大月與河口湖，可從行駛的特急上欣賞富士山的壯觀景色。

⑪ 最新型車輛「富士山景觀特急」（8500系）。也有與可悠哉度過的特別車輛連結

⑫ 車體上繪有獨特吉祥物「富士山君」的「富士山特急」（8000系）

長野電鐵

運行的特急連結了長野市與湯田中，湯田中以泡溫泉的日本獼猴「雪猴」而聞名。

⑬ 「湯煙號」（1000系）。作為觀光導覽列車「特急湯煙號～悠閒號～」運行

⑭ 列車（2100系）暱稱為「雪猴」。車內也備有包廂

富山地方鐵道

特急列車「阿爾卑斯特快」與「雙層特快」運行，可從車窗欣賞雄偉立山連峰。

⑮ 「雙層特快」（10030型）的2樓座位比一般車輛的視野高了1m，可欣賞雄偉立山連峰的廣闊景致

名古屋鐵道

除了設有前方展望席的「Panorama Car」系列外，連結名古屋與中部國際機場的「μ-SKY」也名聞遐邇。

⑯ 「Panorama super」（1200系）承繼了名鐵傳統Panorama Car系列的系統

⑰ 「μ-SKY」（2000系）是專為通往中部國際機場而打造的特急

近畿日本鐵道

有世界首輛雙層列車（上下層構造）的「VISTA CAR」以及「Urban Liner」、「伊勢志摩Liner」等各式類型的特急列車行駛。

⑱ 「VISTA EX」（30000系）承繼了近鐵特急最具代表性的上下層構造「VISTA CAR」之系統

⑲ 連結大阪站・京都站・名古屋站與賢島站的豪華觀光特急「島風號」（50000系）

⑳ 連結大阪站與名古屋站的「Urban Liner next」（21020系）

㉑ 連結大阪站・京都站・名古屋站與鳥羽站・賢島站的「伊勢志摩Liner」（23000系）

㉒ 連結大阪與吉野的「櫻Liner」（26000系）　　㉓ 運用於一般特急的「ACE」（22000系）　　㉔ 運用於一般特急的「snack car」（12200系）

南海電氣鐵道

南海本線有設計獨特、往返於關西機場的特急「Rapi:t」以及「南方號」行駛，高野線則有「高野號」、「林間號」與「泉北Liner」運行。

㉕ 連結難波站與關西機場站的「Rapi:t」（50000系）

㉖ 連結難波站與和歌山站的「南方號」（10000系）

㉗ 連結難波站與橋本站的「林間號」（30000系）。連結難波站與高野山玄關口極樂橋站的「高野號」也是採用同一款車輛

㉘ 「泉北Liner」（11000系）與泉北高速鐵道互相串聯，連結難波站與和泉中央站

京都丹後鐵道

有特急車輛「丹後之海號」與JR互相串聯行駛，連結京阪神與京都府北部。運用於特急「橋立號」、「舞鶴號」與「丹後接力號」等。

㉙ 車內使用了大量木材的特急用車輛「丹後之海號」（KTR8000型）

智頭急行

有「超級白兔號」與JR互相串聯行駛，連結京阪神地區與鳥取·倉吉。

㉚ 憑藉擺式裝置實現於山間地區高速運行的「超級白兔號」（HOT7000系）

鐵道照片學校 ②

在看得見鐵道的設施裡拍攝

觀賞或拍攝鐵道的地點不限於車站或軌道旁。車站附近有些地方也能觀賞鐵道,有些公園裡還擺置了車輛,因此在此介紹幾處代表性的設施。

能觀覽鐵道的設施都是建於有大量列車往來的月台上,因此可近距離欣賞鐵道。另有些攝影點是在車站附近的天橋上,雖然不是設施,卻可從上方眺望奔馳中的列車。此外,在展示車輛的公園裡則可搭乘車輛或拍照,度過歡樂的時光。

Hokutopia

Hokutopia外觀

都電　王子站前站

展望餐廳山海亭

大廳

南側的眺望之景

位於JR王子站附近的「Hokutopia」是東京都北區所建造的設施,位於王子站北口不遠處。一走出車站便可見都電(東京櫻花路面電車)在眼前疾馳,因此不妨先觀賞都電再前往Hokutopia。

從17樓展望大廳眺望的景致堪稱「電車天國」。新幹線自不待言,京濱東北線、高崎線及宇都宮線也在眼底下奔馳。還可到景致絕佳的展望餐廳裡用餐,天氣晴朗時能遠眺富士山,也可選擇在展望大廳裡享用便當。待在「Hokutopia」的室內,即便碰上雨天也很安心。

＜Hokutopia＞
開 館 時 間:8:30〜20:00
休 　 館 　 日:新年期間 ※每年有2次休館日與臨時休館日。
入 館 費 用:展望大廳免費
地 　 　 　 址:東京都北區王子1-11-1
電 話 號 碼:03-5390-1100

飛鳥山公園

從王子站橫越軌道往「Hokutopia」的反方向走，有一座飛鳥山公園。這座公園相當適合觀察電車。

走出京濱東北線王子站南口，從與公園相接的跨線橋上可觀看形形色色的電車通過。此公園自江戶時代以來便是庶民所熟悉的賞櫻名勝，如今到了櫻花綻放的時期仍因賞花客而熱鬧不已。公園內不僅有許多大型溜滑梯等遊樂器材，還以靜態方式將都電6080與蒸氣機關車D51保存下來，亦可進到車內遊玩。

既然名為飛鳥山，要徒步攀爬著實費勁，不妨搭乘可愛的單軌電車「飛鳥山公園軌道 asukarugo」。搭乘處位於南北線王子站1號出口、京濱東北線王子站中央口或都電荒川線王子站前站不遠處。公園四周的道路均為坡道，有都電在此地上下往返。據說為了攀爬這段坡道還強化了都電的動力。飛鳥山公園是一座充滿魅力的公園，鐵道迷務必一訪。

公園內「飛鳥山櫻花亭」旁的甲板為觀察新幹線的特等席，當然也可以在此用餐。

飛鳥山公園軌道「asukarugo」

飛鳥山櫻花亭

甲板上的眺望之景

北側的眺望之景

<飛鳥山公園>

開 園 時 間：整日
飛鳥山公園軌道「asukarugo」
運 行 時 間：10:00～16:00
停 運 日：新年期間 每月第一個週四10:00～
　　　　　　　12:00、7月第一個週四整天
乘 車 費 用：免費
地 　　　 址：東京都北区王子1-1-3
電 話 號 碼：03-3908-9275

新幹線從正下方通過

mAAch ecute 神田萬世橋

1912年車站開通時所打造的樓梯

中央線從展望甲板旁飛馳而過，頗具震撼力

也是熱門的親子景點

中央線的神田站與御茶水站之間有座萬世橋站。雖於1943年封站，2013年9月又以「mAAch ecute神田萬世橋」之名化為全新裝潢的設施。樓梯與壁面等都保留舊萬世橋站的原貌，可以邊走邊欣賞。

舊萬世橋站開通之初所打造的月台部分經過整頓，化作四周玻璃環繞的展望甲板，並命名為「2013 PLATFORM」。甲板內部能夠近距離觀看中央線，是很受歡迎的景點。

<mAAch ecute神田萬世橋>

營 業 時 間：「樓梯與月台」　　週一～週六11:00～22:00
　　　　　　　　　　　　　　　週日與假日11:00～20:30
　　　　　　　　「開放式甲板」　週一～週六11:00～22:30
　　　　　　　　　　　　　　　週日與假日11:00～20:30
公 休 日：不固定
入 場 費 用：免費
地 　　　 址：東京都千代田区神田須田町1-25-41
電 話 號 碼：03-3257-8910
交 　　　 通：從秋葉原站 JR線 電氣街口 徒步4分鐘、
　　　　　　　從神田站 JR線 北口 徒步6分鐘、
　　　　　　　從御茶之水站 JR線 聖橋口 徒步6分鐘 （以距離最近的車站為主）

JR博多城

JR博多站可謂九州的正門口，新幹線自不必說，連結九州主要都市的特急與連接近郊的所有旅客列車皆會停靠此站，成為九州鐵道網的中樞車站。

龐大的博多站大樓「JR博多城」是博多站的複合商業設施，不僅有日本最大規模的餐廳區「城市美食街Kooten」與「AMU PLAZA博多」等店家進駐，還設有屋頂庭園「燕子森林廣場」與文化設施。另有可享受鐵道之樂的設施，在頂樓還能搭乘迷你電車。

玩具恰恰恰。玩具俱樂部

位於博多站月台上的設施，可從偌大窗戶近距離觀賞往來的列車，也是最適合拍照的設施。建築物是使用大量木材打造而成，也有木製玩具，可自由玩耍。

＜玩具恰恰恰。玩具俱樂部＞

營 業 時 間：10:00～17:00（最終入場為16:30）
公 休 日：無休
入 場 費 用：「大人＋小孩券」（大人小孩各1名） 300日圓
　　　　　　「大人追加券」 200日圓 「小孩追加券」 100日圓
　　　　　　（小孩是指小學生以下）
地 　 　 址：博多站1、2號乘車處（吉塚站旁）
電 話 號 碼：092-409-6506

POPONDETTA AMU PLAZA博多店

陳列成排陪樂兒（Plarail）與N-GAUGE模型商品的鐵道模型專賣店。光是透過立體透視模型來觀賞就樂趣十足，還可付費讓自己的N-GAUGE在上頭奔馳，亦可租借車輛。

＜POPONDETTA AMU PLAZA博多店＞

營 業 時 間：10:00～21:00
公 休 日：無休
車輛運行費用：平日每小時400日圓，
　　　　　　　假日700日圓
地 　 　 址：JR博多城AMU PLAZA博多8樓
電 話 號 碼：092-409-6810

鐵道咖啡館　東京都內也有可近距離欣賞電車並悠哉度過的咖啡館。

丸善池袋店

位於東京都內最大規模文具專賣店的一隅，擺設了擷取京急800型、西武2000系與東急7700系的駕駛艙之實體。

＜丸善池袋店＞

營 業 時 間：10:00～21:00
公 休 日：無休（有些月份會有公休日）
地 　 　 址：東京都豐島区南池袋2-25-5藤久大樓東5號館1F
電 話 號 碼：03-5962-0870

新宿小田急浪漫特快咖啡館

小田急線新宿站的月台上有間「浪漫特快咖啡館」，可一邊觀看浪漫特快在眼前駛近，一邊飲茶小憩片刻。

＜浪漫特快咖啡館＞

開 館 時 間：6:30～23:00
公 休 日：無休
地 　 　 址：東京都新宿区西新宿1-1-3小田急新宿站西口地上剪票口
電 話 號 碼：03-5326-8343

音速號

豪斯登堡號

新幹線

燕子電車

來到JR博多站車站大樓「博多城」的屋頂庭園「燕子森林廣場」，可以搭乘水戶岡銳治先生所設計的迷你電車「燕子電車」與「小黑電車」。內側有間鐵道神社，祭祀著從博多區內的住吉神社分靈而來的祭神。

鐵道神社

從博多站往博多城的通道上有觀察電車的景點。

亦可在「雀巢博多」裡自由休息。靠窗的位置為兒童專用席。

利用智慧型手機拍攝鐵道

總是隨身攜帶的智慧型手機亦可用來拍攝鐵道照片。尤其是到公園等處遊玩時最能派上用場。智慧型手機的相機功能使用起來輕鬆又方便，在此介紹用來拍攝鐵道照片的訣竅。

1 電車為橫長狀，因此橫向構圖會比縱向容易拍攝。

從同一個地方拍攝，橫向比較有延長的感覺。

2 智慧型手機在按下快門鍵到實際拍攝會稍微花點時間。這是為了自動對焦而產生的時間差。

為了防止這種狀況，必須事先完成對焦。

點擊想對焦的位置（照片1）就會出現顯示藍框（照片2），即已鎖定焦點。

於電車來到藍框範圍時按下快門，即可在最剛好的時機拍攝下來。

（不見得每個機種都是顯示藍框，但大多數智慧型手機都有相同的功能）

照片1

照片2

對準位置按下快門！

JR通勤電車

作為從居住的街道通往學校或公司所在都市的交通手段，於短距離間行駛的電車，即稱為通勤電車。全日本有867萬人是利用電車通勤或通學，因此為了多少改善搭乘的舒適度而下了些功夫，比如增加每節車廂的車門數、採用長椅好讓更多乘客可以坐等措施。

JR 北海道

從近郊都市運送大批通勤與通學乘客至大都市札幌。車輛皆耐得住冬日寒雪。

731系

函館本線・千歳線・室蘭本線・札沼線

721系

快速Airport號（函館本線・千歳線）區間快速石狩Liner（函館本線）

733系

札沼線・函館本線

735系

函館本線・千歳線・室蘭本線・札沼線

KIHA201系

函館本線（蘭越站～江別站之間）

KIHA141系

札沼線（札幌站～石狩當別站）

E235系

山手線

205系

武藏野線・日光線・仙石線等

E233系

中央快速線・京濱東北線・埼京線・外房線等

E231系

山手線・中央總武緩行線・宇都宮線・伊東線等

E531系

常磐線・水戶線・東北本線

E721系

東北本線・常磐線・仙山線・磐越西線等

701系

東北本線・常磐線・奧羽本線・羽越本線・津輕線等

209系

武藏野線・川越線・京葉線・內房線・鹿島線等

JR 東海

名古屋位處中京圈的中心區，因此有通勤電車運行，主要是來自愛知縣內、鄰近的岐阜縣與三重縣等地通勤與通學的乘客。

311系
東海道本線

211系5000番台
東海道本線

313系5000番台
東海道本線

KIHA75型
高山本線・太多線・參宮線

JR 西日本

大阪僅次於首都圈，是大都市的集聚地，因此有許多通勤電車運行。大阪環狀線目前正在執行「改造計畫」，改良車站並汰換成新車輛。

223系0番台
關空快速・紀州路快速

125系
小濱線・加古川線

103系
奈良線

105系
福鹽線・吳線・和歌山線・紀勢本線等

201系
關西本線・櫻井線・和歌山線

205系
奈良線

207系
山陽本線・福知山線・片町線・關西本線等

221系（快速）
北陸本線・東海道本線（JR京都線等）・山陽本線等

225系
東海道本線・山陽本線・湖西線・北陸本線等

321系
東海道本線・山陽本線・福知山線・關西本線等

323系
大阪環狀線

KIHA121・126系
山陰本線・境線・伯備線・因美線等

JR 四國

四國內不僅有一般列車運行，還有快速列車Marine Liner經由瀨戶大橋連結本州的岡山與香川。第一節車廂為上下層構造，可享受瀨戶內海的眺望景致。

5000系

Marine Liner（快速）
本四備讚線（瀨戶大橋線）·
宇野線·予讚線

1200系氣動車

高德線·德島線·牟岐線·鳴門線·土讚線·土佐黑潮鐵道阿佐線（御免·奈半利線）

6000系

予讚線·土讚線·
本四備讚線·宇野線

7000系（快速Sunport）

予讚線·土讚線

7200系

予讚線·土讚線

JR 九州

福岡縣的博多是九州最大的都市，與小倉站之間有許多通勤電車行駛。也有車輛直通福岡市地下鐵機場線，通往福岡機場的交通變得很方便。

103系1500番台

筑肥線·唐津線

303系

筑肥線·唐津線·福岡市地下鐵機場線

305系

筑肥線·唐津線·福岡市地下鐵機場線

BEC819系（近郊型）

筑豐本線等

除了JR外，還有許多電車以都市周邊區域為中心運行。其中由民間公司經營的鐵道即稱為「私鐵」。大多數的私鐵除了鐵道事業，還經手巴士的運行、觀光設施的營運、住宅地的開發與商業設施的經營等，多方拓展與使用者生活密不可分的各式服務。

大型私鐵

【東武鐵道】

連結東京都與埼玉縣或北關東一帶，為關東營業距離最長的私鐵。也有與JR、東京Metro、野岩鐵道等互相串聯行駛。東京晴空塔亦為東武鐵道集團所有。

❶ 從伊勢崎線（東武晴空塔線）直通東京Metro日比谷線專用的70000系　❷ 行駛於東上線（池袋站～寄居站）的50090型。也運用於「TJ Liner」
❸ 野田線（東武Urban-Park Line）（大宮站～船橋站）的60000系　❹ 30000系

【京成電鐵】

於東京都與千葉縣擁有鐵道網的私鐵，為用於通往成田機場的鐵道之一。與都營地下鐵淺草線·京濱急行互相串聯，連結成田機場與羽田機場，還與北總鐵道或芝山鐵道互相串聯。

❺ 運用於成田機場線的3050型　❻ 3000型　❼ 3700型

【西武鐵道】

於東京都與埼玉縣擁有鐵道網的私鐵，也是職業棒球西武獅的母公司。也與東京Metro的有樂町線與副都心線互相串聯。

⑧ 座椅可橫、直排互調的40000系　⑨ 30000系的「微笑列車」　⑩ 20000系　⑪ 2000系

【京王電鐵】

於東京都內與神奈川縣北部擁有鐵道網的私鐵，沿線有高尾山、多摩動物公園與東京賽馬場等。部分列車與都營新宿線互相串聯。

⑫ 也運用於「京王Liner」的5000系　⑬ 也與都營新宿線互相串聯的9000系　⑭ 行駛於井之頭線的1000系

【小田急電鐵】

於東京都與神奈川縣擁有鐵道網的私鐵，以特急浪漫特快馳名。含括小田原線（新宿站～小田原站）、江之島線（相模大野站～片瀬江之島站）、多摩線（新百合之丘站～唐木田站）等各條路線。從代代木上原站與東京Metro千代田線互相串聯行駛。

⑮ 可與東京Metro千代田線互相串聯的4000型　⑯ 3000型　⑰ 2000型　⑱ 8000型

【東京急行電鐵】

於東京都與神奈川縣擁有鐵道網的私鐵，以暱稱「東急」為人所知。東橫線與東京Metro副都心線、橫濱港未來線，目黑線與東京Metro南北線、都營三田線，田園都市線則與東京Metro半藏門線分別互相串聯行駛。

⑲ 行駛於田園都市線的2020系　⑳ 行駛於大井町線的6020系　㉑ 行駛於池上線·多摩川線的7000系　㉒ 行駛於東橫線的5050系（4000番台）

【京濱急行電鐵】

於東京都與神奈川縣擁有鐵道網的私鐵，以暱稱「京急」為人所知。含括本線（泉岳寺站～浦賀站）、機場線（京急蒲田站～羽田機場國內線航廈站）、大師線（京急川崎站～小島新田站）、逗子線（金澤八景站～新逗子站）、久里濱線（堀之內站～三崎口站）等各條路線。從泉岳寺站與都營淺草線互相串聯行駛。

㉓ 1000型（第2代）　㉔ 快速特急用的2100型。照片為藍色塗裝的「KEIKYU BLUE SKY TRAIN」　㉕ 可與成田機場線互相串聯的600型

【相模鐵道】

以橫濱為起點，於神奈川縣擁有鐵道網的私鐵，以暱稱「相鐵」為人所知。是唯一一家在東京都未擁有路線的關東大型私鐵。

㉖ 以能與將來的東急東橫線互相串聯為目標的20000系　㉗ 可與將來的JR互相串聯的11000系　㉘ 長期活躍的7000系

【名古屋鐵道】

以名古屋為中心，行駛於愛知縣與岐阜縣的私鐵，以暱稱「名鐵」為人所知。特色在於橫跨複雜的鐵道網並採用各式各樣的運行系統來行駛。也有與名古屋市營地下鐵互相串聯。

㉙ 行駛於名古屋本線的3300系　㉚ 5000系　㉛ 3100系　㉜ 5300系

【近畿日本鐵道】

擁有日本最長營業距離的私鐵，以暱稱「近鐵」為人所知。鐵道網橫跨2府3縣——大阪府、奈良縣、京都府、三重縣與愛知縣。不僅連結大阪、京都與名古屋這些大都市，作為通往伊勢、志摩與鳥羽等觀光勝地的交通工具也很活躍。

㉝ 比京阪奈線開通早一步投入運轉的7020系。可與大阪Metro中央線直通　㉞ 9020系　㉟ 1230系　㊱ 6020系

【京阪電氣鐵道】 於大阪府、京都府與滋賀縣擁有鐵道網的私鐵，以暱稱「京阪電車」為人所知。有連結大阪與京都的京阪線、連結京都與大津的大津線2套運行系統，大津線有部分區間會行駛於道路上。大津線與京都市營地下鐵互相串聯。

㊲ 運用於特急的8000系。車廂編制中含括雙層車廂（上下層構造） ㊳ 3000系 ㊴ 13000系 ㊵ 石山坂本線的600型車輛

【阪急電鐵】

於大阪府、京都府與兵庫縣擁有鐵道網的私鐵。以梅田為起點，有神戶線、寶塚線與京都線3大系統。也有與神戶高速鐵道、山陽電鐵與大阪Metro互相串聯。

㊶ 京都線特急用的9300系 ㊷ 行駛於神戶線‧寶塚線的9000系 ㊸ 行駛於神戶線‧寶塚線的6000系

【阪神電氣鐵道】

於大阪府與兵庫縣擁有鐵道網的私鐵，暱稱為「阪神電車」。也以職業棒球球團阪神虎的母公司為人所知。與山陽電鐵、近鐵奈良線互相串聯。

㊹ 5700系（Jet Silver5700） ㊺ 與近鐵互相串聯用的1000系 ㊻ 9300系

【南海電氣鐵道】 以暱稱「南海電車」為人所知，連結大阪府與和歌山縣的私鐵。在通往關西國際機場的交通上也發揮了相當重要的作用。

㊼ 行駛於本線的8300系 ㊽ 2000系 ㊾ 高野線的2300系「Zoom Car」 ㊿ 6200系

【西日本鐵道】

於福岡縣擁有一套鐵道網的私鐵，以暱稱「西鐵」為人所知。鐵道自不待言，亦為日本國內規模最大的巴士業者。

51 駛於天神大牟田線的3000型 52 9000型 53 5000型

中小私鐵

【北海道地區】

【東北地區】

❶ 道南漁火鐵道（KIHA40型）　連接五稜郭站與木古內站，為北海道唯一一家私鐵。五稜郭站至函館站之間與JR北海道互相串聯
❷ 弘南鐵道（DEHA7000型）　行駛於青森縣弘前市周邊的私鐵，有弘南線（弘前站～黑石站）與大鱷線（大鱷站～中央弘前站）2條路線
❸ 津輕鐵道（津輕21型「跑吧！美樂斯」）　連結青森縣津輕五所川原站與津輕中里站的私鐵。也因冬天有「暖爐列車」行駛而為人所知
❹ 三陸鐵道（36-100型）　於岩手縣太平洋沿岸有北谷灣線與南谷灣線運行。2019年接管JR山田線後便串聯成1條，「谷灣線」就此誕生

【東北地區】

【關東地區】

❺ 由利高原鐵道鳥海山麓線（YR-3000型）　連結秋田縣南部的羽後本莊站與矢島站。「真心列車」上有扮成秋田小姑娘模樣的乘務員隨車，備受歡迎
❻ 秋田內陸縱貫鐵道（AN8800型）　連結秋田縣的鷹巢站與角館站。暱稱為「微笑鐵道秋田內陸線」，奔馳於閒適恬靜的里山風景中
❼ 會津鐵道（AT-600型・650型）　連結福島縣的西若松站～會津高原尾瀬口站。分別與JR只見線、野岩鐵道會津鬼怒川線互相串聯運行
❽ 常陸那珂海濱鐵道（KIHA11型）　於連結茨城縣勝田站與阿字浦站的湊線上運行。計畫將來會延伸至國營常陸海濱公園一帶

【關東地區】

❾ 關東鐵道（KIHA2000型）　在茨城縣內有常總線與龍崎線2條路線運行。為非電氣化鐵路，但常總線的取手站～水海道站間站已經複線化
❿ 鹿島臨海鐵道（8000型）　於連結茨城縣水戶站與鹿島足球場站的大洗鹿島線上運行。另有貨物專用的鹿島臨港線
⓫ 真岡鐵道（真岡14型）　連結栃木縣的茂木站與茨城縣的下館站。有蒸汽機關車「SL真岡」行駛，還將真岡站的車站設計成獨特的SL外型
⓬ 上信電鐵（150型「斑馬號」）　連結群馬縣的高崎站與下仁田站。沿線有世界遺產的富岡製線廠與群馬野生動物園等觀光勝地

⑬ **秩父鐵道（7000系）** 連結埼玉縣的羽生站與三峰口站。有蒸汽機關車牽引的「PALEO EXPRESS」行駛而遠近馳名

⑭ **新京成電鐵（N800型）** 連結千葉縣的松戶站與京成津田沼站，部分電車有與京成千葉線互相串聯。為京成電鐵的子公司

⑮ **銚子電氣鐵道（3000系）** 通過關東地區最東端的犬吠埼附近，連結千葉縣的銚子站～外川站。除了鐵道外，「銚電的濕仙貝」也很有名

⑯ **小湊鐵道（KIHA200型）** 連結千葉縣的五井站與上總中野站。SL型柴油機關車牽引的觀光列車「里山小火車」備受喜愛

⑰ **夷隅鐵道（350型）** 連結千葉縣的大原站與上總中野站。一度面臨廢止的危機，但在社長發起公募等特殊手段的努力下決定予以保留

⑱ **筑波特快（TX-2000系）** 連結東京都的秋葉原站與茨城縣的筑波站。未設置任何平交道，能以時速130km的高速行駛

⑲ **東京臨海高速鐵道（70-000型）** 有奔馳於大崎縣～新木場站之間的臨海線運行。與JR互相串聯，連結澀谷站、新宿站、池袋站與新木場站

⑳ **箱根登山鐵道（3100型）** 連結神奈川縣的小田原站與強羅站。有段日本普通鐵道中坡道最陡的區間，可謂名符其實的登山電車

㉑ **江之島電鐵（500型）** 連結神奈川縣的藤澤站與鎌倉站。以暱稱「江之電」為人所知，沿線也有許多觀光地，因此乘車者眾

㉒ **北越急行北北線（HK100型）** 連結新潟縣的六日町站與犀潟站，分別從六日町站往JR上越線、從犀潟站往JR信越本線互相串聯行駛

㉓ **富山地方鐵道（10030型）** 於富山縣擁有鐵道網的私鐵。通往立山黑部阿爾卑斯山脈路線、宇奈月溫泉與黑部峽谷，因此也有很多觀光客搭乘

㉔ **北陸鐵道（7000系與7700系）** 於石川縣內有石川線與淺野川線2條路線運行。雖為鐵道公司，目前運行的主力卻是巴士

㉕ **越前鐵道（MC6101型）** 於福井縣內擁有勝山永平寺線與三國蘆原線2條路線。三國蘆原線的部分電車與福井鐵道互相串聯

㉖ **富士急行（6000系）** 連結山梨縣的大月站與河口湖站。有各式各樣的車輛行駛，也有來自JR中央本線的列車互相串聯

㉗ **Alpico交通（3000系）** 有連結長野縣松本站與新島島站的上高地線運行。有句宣傳語為「Highland Rail（高地鐵道）」，十分吻合其山線的形象

㉘ **長野電鐵（8500系）** 連結長野站與湯田中站的鐵道，以暱稱「長電」為人所知。終點湯田中站有溫泉街，作為志賀高原玄關口而熱鬧不已

㉙ 上田電鐵（1000系）　於長野縣內有連結上田站與別所溫泉站的別所線運行。沿線還有「信州的鎌倉」之稱，坐擁許多寺廟神社與史蹟

㉚ 樽見鐵道（HAIMO330-700型）　連結岐阜縣的大垣站與樽見站，昔日用來運送水泥。終點的樽見站以樹齡逾1500年的淡墨櫻而聞名

㉛ 明知鐵道（明智10型）　連結岐阜縣的惠那站與明智站。以位於沿線的「日本大正村」來命名的「大正浪漫號」還連結了食堂車廂

㉜ 伊豆箱根鐵道（5000系）　於靜岡縣的駿豆線、神奈川縣的大雄山線運行。駿豆線也有與JR特急「踴子號」互相串聯

㉝ 伊豆急行（8000系）　行駛於靜岡縣的伊豆半島東海岸，連結伊東站與伊豆急下田站。與特急「踴子號」等JR東日本的列車互相串聯

㉞ 岳南電車（8000型）　連結靜岡縣富士市的吉原站與岳南江尾站。行駛於工業地帶，為首條獲得「日本夜景遺產」認定的鐵道

㉟ 靜岡鐵道（A3000型）　連結靜岡市新靜岡站與新清水站的鐵道。暱稱為「靜鐵」，成為重點區域的代步工具

㊱ 大井川鐵道（21000系）　大井川鐵道是運行於靜岡縣的鐵道。以大井川本線與井川線連結金谷站與井川站。也因蒸汽機關車行駛而家喻戶曉

㊲ 天龍濱名湖鐵道（TH2100型）　行駛於靜岡縣內陸，連結掛川站與新所原站。暱稱為「天濱線」，閒適恬靜的景觀與復古的車站備受喜愛

㊳ 遠州鐵道（1000型）　連結靜岡縣的新濱松站與西鹿島站。以暱稱「遠鐵」為人所知，集團中還有百貨公司、超市與飯店等

㊴ 豐橋鐵道（1800系「繽紛列車」）　有愛知縣內的渥美線（新豐橋站～三河田原站）與路面電車的市內線（站前站～赤岩口・運動公園前站）2條路線運行

㊵ 三岐鐵道（270系）　於三重縣內有三岐線與北勢線2條路線運行。北勢線為軌道間隔較窄的「窄軌」路線

㊶ 近江鐵道（100型）　於滋賀縣內有彥根・多賀大社線・萬葉茜線等運行。為西武集團的私鐵，有許多舊西武的車輛行駛

㊷ 叡山電鐵（800系）　連結京都市出町柳站與八瀨比叡山口站・鞍馬站，為京阪集團的鐵道，以暱稱「叡山電車」為大眾所熟悉

㊸ 北大阪急行電鐵（9000型）　行駛於江坂站～千里中央站之間的準大型私鐵，與大阪Metro御堂筋線互相串聯，連結大阪中心區與千里新市鎮

㊹ 泉北高速鐵道（7000系）　連結大阪府堺市的中百舌鳥站與和泉中央站的準大型私鐵。從中百舌鳥站與南海高野線互相串聯

【近畿地區】

㊺ **山陽電氣鐵道（5030系）** 連結兵庫縣神戶市與姬路市的準大型私鐵。與阪神電鐵互相串聯，直通梅田站

㊻ **神戶電鐵（6000系）** 以神戶為起點，於兵庫縣擁有一套鐵道網，以暱稱「神鐵」為人所知。有陡坡區間，車輛強化了剎車功能

㊼ **北條鐵道（Flower2000型）** 連結兵庫縣內的粟生站與北條町站。途中無車站可供列車交換，因此全長13.6km的距離都無車交會

㊽ **和歌山電鐵（2270系「玩具電車」）** 有連結和歌山站與貴志站的貴志川線運行。還因貓站長「小玉」打響了名號

【中國地區】

㊾ **智頭急行（HOT3500型）** 橫跨兵庫縣、岡山縣與鳥取縣3縣行駛。連結京阪神與鳥取縣的JR特急「超級白兔號」也有通行

㊿ **若櫻鐵道（WT3000型）** 連結鳥取縣的郡家站與若櫻站。保存著蒸汽機關車，含柴油機關車在內都可體驗駕駛

(51) **水島臨海鐵道（MRT300型）** 鐵道是連結岡山縣倉敷市中心區與臨海區的工業地帶，也有貨物列車行駛

(52) **錦川鐵道（NT3000型）** 有連結山口縣岩國市內川西站與錦町站的錦川清流線運行。行駛於錦川沿岸，故以此作為公司名與路線名

【四國地區】

【九州地區】

(53) **高松琴平電鐵（1200型）** 行駛於香川縣，以暱稱「琴電」為人所知。有琴平線．長尾線．志度線3條路線

(54) **伊予鐵道（700系）** 於愛媛縣有高濱線、橫河原線、郡中線等各條路線，以暱稱「伊予鐵」為人所知。也有路面電車運行

(55) **土佐黑潮鐵道（TKT-8000型）** 於高知縣內有中村．宿毛線、御免．奈半利線等各條路線運行。中村．宿毛線與JR特急互相串聯

(56) **平成筑豐鐵道（400型）** 不僅於福岡縣內擁有鐵道網，含括伊田線、糸田線、田川線等，還有門司港復古觀光線的小火車運行

【九州地區】

(57) **島原鐵道（KIHA2550型）** 行駛於長崎縣的島原鐵道上，連結諫早站與島原外港站。除了鐵道外，還有巴士與渡輪運行

(58) **熊本電鐵（200型）** 有菊池線與藤崎線2條路線運行，還有人氣吉祥物「熊本熊」的彩繪車輛行駛

(59) **南阿蘇鐵道（MT-3000型）** 連結熊本縣的立野站與高森站。受到2016年發生的熊本地震重創，中松站～立野站之間目前停運中

(60) **球磨川鐵道（KT500型）** 有連結熊本縣人吉溫泉站與湯前站的湯前線運行。有觀光列車「田園交響樂」行駛

各式列車 地下鐵

誠如其名所示，地下鐵亦即在地面下行駛的鐵道。優點在於即便是已有大樓等建築物櫛比鱗次的地方，建設起來也很容易。此外，沒有平交道，接觸行人或汽車等危險較少，可往目的地方向打造出較筆直的路線，因此在都市區域內移動時可說是最適合的交通工具。雖名為地下鐵，仍有些路線會駛上地面，還會與行駛於郊外的鐵道互相串聯運行。

札幌市營地下鐵

行駛於日本最北方的地下鐵。優點在於採用噪音少而乘坐舒適度佳的橡膠輪胎。

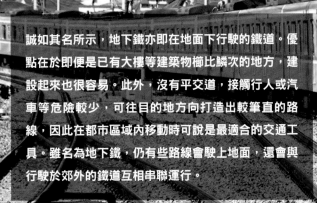

❶ 行駛於南北線（麻生站～真駒內站）的5000型

❷ 行駛於東西線（宮之澤站～新札幌站）的8000型

❸ 行駛於東豐線（榮町站～福住站）的9000型

有地下鐵運行的都市

札幌
札幌市營地下鐵

名古屋
名古屋市營地下鐵

仙台
仙台市地下鐵

東京
都營地下鐵
東京Metro

京都
京都市營地下鐵

神戶
神戶市營地下鐵

橫濱
橫濱市營地下鐵

福岡
福岡市地下鐵

大阪
大阪市高速電氣軌道
(Osaka Metro)

仙台市地下鐵

地下鐵是行駛於東北地區的大都市「森之都」仙台。除了原有的南北線外，2015年又新開通了東西線。

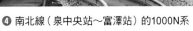

❹ 南北線（泉中央站～富澤站）的1000N系

❺ 行駛於東西線（八木山動物公園站～荒井站）的2000系

東京都經營的地下鐵。於1991年開通的大江戶線是以線性馬達提供動力，並採用比其他路線還小一圈的車輛，藉此縮小隧道橫剖面與車站設施等，降低建設費用。

❻ 淺草線（西馬込站‧泉岳寺站～押上站）的5500型。分別從泉岳寺站與京濱急行線、從押上站與京成線‧北總線互相串聯行駛

❼ 淺草線的5300型

❽ 行駛於三田線（目黑站～西高島平站）的6300型。從目黑站與東急目黑線互相串聯行駛

❾ 新宿線（新宿站～本八幡站）的10-300型。從新宿站與京王線互相串聯行駛

❿ 行駛於大江戶線（光之丘站～都廳前站～清澄白河站～都廳前站）的12-600型

行駛於地上的地下鐵

地下鐵未必都行駛於地下。尤其東京的地形起伏大，因此當地下鐵來到山谷處有時便會在地面上現身。東京Metro丸之內線的後樂園站即位於高架上，到了御茶之水站附近也會駛上地面，渡橋越過神田川。此外，銀座線的澀谷站最著名的便是位於比JR路軌還高的3樓處。東西線於南砂町站～西船橋站之間、都營三田線則於志村坂上站～西高島平站之間會分別行駛於高架上。

左／位於後樂園站與茗荷谷站途中的地面路段，照片後側所看到的是東京Metro小石川車輛基地
右／銀座線正逐漸駛入位於東急百貨公司東橫店3樓的澀谷站。車站目前正與澀谷站周邊的開發同步進行大規模翻修，目標是於2022年完成

東京地下鐵（東京Metro）

民間公司經營的地下鐵，以暱稱「東京Metro」為人所知。一共有9條路線行駛，其中的銀座線於1927年開通，為日本最古老的地下鐵。

⑪ 行駛於銀座線（澀谷站～淺草站）的1000系

⑫ 行駛於丸之內線（荻窪站‧方南町站～池袋站）的02系

⑬ 日比谷線（中目黑站～北千住站）的13000系。從北千住站與東武伊勢崎線互相串聯行駛

⑭ 東西線（中野站～西船橋站）的15000系。分別從中野站往中央線、從西船橋站與總武線、東葉高速鐵道線互相串聯行駛

⑮ 千代田線（代代木上原站～北綾瀨站）的16000系。分別從代代木上原站往小田急線、從綾瀨站往常磐線互相串聯行駛

⑯ 行駛於有樂町線（和光市站～新木場站）的7000系。分別從和光市站往東武東上線、從小竹向原站往西武有樂町線互相串聯行駛

⑰ 行駛於半藏門線（澀谷站～押上站）的08系。分別從澀谷站往東急田園都市線、從押上站往東武伊勢崎線互相串聯行駛

⑱ 南北線（目黑站～赤羽岩淵站）的9000系。分別從目黑站往東急目黑線、從赤羽岩淵站與埼玉高速鐵道線互相串聯行駛

⑲ 副都心線（和光市站～澀谷站）的10000系。分別從和光市站往東武東上線、從小竹向原站與西武有樂町線、從澀谷站與東急東橫線互相串聯行駛

橫濱市營地下鐵

行駛於港町橫濱市的地下鐵。有貫穿市內中心區的「藍線」與行駛於郊外的「綠線」2條路線。

⑳ 行駛於藍線（湘南台站～薊野站）的3000S型（左），以及正停靠薊野站的3000A型（右）

㉑ 行駛於綠線（日吉站～中山站）的10000型

日本最長與最短的地下鐵

日本最長的地下鐵是都營大江戶線，距離為40.7km，共有38站。最短的則是名古屋市營地下鐵上飯田線，距離僅0.8km，只有2站，沿途無車站。然而沒有電車只行駛於這2站之間，所有列車皆與名鐵小牧線直通運轉。

最多人搭乘的地下鐵是？

一天平均搭乘人次最多的路線是東京Metro東西線（145萬人），東京Metro丸之內線的135.1萬人次之，接著是東京Metro千代田線的126.9萬人。反之，乘車人次最少的則是名古屋市營地下鐵上飯田線的3.3萬人（皆為2017年的數據）。

日本最高與最低的地下鐵車站

位於日本最高處的地下鐵車站是仙台市營地下鐵東西線的八木山動物公園站，坐落於標高136.4m的位置。在2015年此站開通之前，神戶市營地下鐵的綜合運動公園站原是日本第一高，但該站為地上車站，八木山動物公園站則是不折不扣的地下車站。離地最高的車站是東京Metro日比谷線北千住站的14.4m。反之，位於日本最低處的車站則是都營大江戶線的六本木站，月台竟深達地下42.3m。

八木山動物公園站的「山頂廣場」裡寫著「日本標高第一高的地下鐵車站」的說明▲

名古屋市營地下鐵

行駛於名古屋市的地下鐵。一共6條路線，其中名城線是以環狀運行。此外，名港線還與名城線直通運轉。

㉒ 東山線（高畑站～藤之丘站）的N1000型

㉓ 名城線（金山站～大曾根站～金山站）的2000型。環狀運行，以「右環・左環」標示目的地

㉔ 名港線（金山站～名古屋港站）的2000型。與名城線直通運轉

㉕ 鶴舞線（上小田井站～赤池站）的3050型。分別從上小田井站往名鐵犬山線、從赤池站往名鐵豐田線互相串聯行駛

㉖ 櫻通線（中村區公所站～德重站）的6050型

㉗ 上飯田線（上飯田站～平安通站）的7000型。從上飯田站與名鐵小牧線互相串聯行駛

京都市營地下鐵

行駛於「古都」京都的地下鐵。有2條路線，分別為南北縱貫京都鎮上的烏丸線及在烏丸御池站交會的東西線。

㉘ 烏丸線（國際會館站～竹田站）的10系。從竹田站與近鐵京都線互相串聯行駛

㉙ 東西線（六地藏站～太秦天神川站）的50系。從御陵站與京阪京津線互相串聯行駛

大阪市高速電氣軌道 (Osaka Metro)

行駛於大阪的地下鐵。一直以來都由大阪市經營，2018年民營化後冠上了「Osaka Metro」的暱稱。

㉚ 行駛於御堂筋線（江坂站～中百舌鳥站）的30000系（左）與10A系（右）。從江坂站與北大阪急行電鐵南北線互相串聯行駛

㉛ 行駛於谷町線（大日站～八尾南站）的22系

㉜ 行駛於四橋線（西梅田站～住之江公園站）的23系

㉝ 中央線（宇宙廣場站～長田站）的24系。從長田站與近鐵京阪奈線互相串聯行駛

㉞ 千日前線（野田阪神站～南巽站）的25系

㉟ 堺筋線（天神橋筋六丁目站～天下茶屋站）的66系。從天神橋筋六丁目站與阪急千里線互相串聯行駛

㊱ 長堀鶴見綠地線（大正站～門真南站）的70系

㊲ 今里筋線（井高野站～今里站）的80系

明明是電車，卻沒有集電弓？

地下鐵中有些路線是採用「第三軌形式」來取代架線，除了行駛用的2條軌道外，另設置第3條軌道來傳送電力，不用集電弓而是透過裝設於車輛底下的集電裝置來接收。札幌市營地下鐵南北線、東京Metro銀座線・丸之內線、橫濱市營地下鐵藍線、名古屋市營地下鐵東山線・名城線・名港線、大阪Metro御堂筋線・谷町線・四橋線・中央線・千日前線即是採用此形式。無架線即可縮小隧道，因此好處是可以降低建設費用，另一個優點是構造簡單而無斷線的疑慮。

此處為第三軌　　此處為集電裝置

神戶市營地下鐵

此地下鐵是行駛於瀰漫異國情緒的神戶。有西神線・山手線・海岸線3條路線，西神線與山手線直通運轉，因此實質上是2套系統在運行。

㊳ 西神・山手線（新神戶站～西神中央站）的3000型。從新神戶站與北神急行電鐵北神線互相串聯行駛。暱稱為「綠色U型線」

㊴ 海岸線（三宮・花時計前站～新長田站）的5000型。暱稱為「夢海鷗」

福岡市地下鐵

行駛於福岡，為九州唯一的地下鐵。有3條路線，機場線是日本首條實現與機場互相串聯的地下鐵。

㊵ 行駛於機場線（姪濱站～福岡機場站）與箱崎線（中洲川端站～貝塚站）的2000系。機場線是從姪濱站與JR筑肥線互相串聯行駛

㊶ 七隈線（橋本站～天神南站）的3000系。目前正在進行天神南站～博多站之間的延長工程，預計2022年開通

單軌電車・新交通系統・路面電車

單軌電車

有單軌電車・新交通系統・路面電車行駛的都市

札幌 23
函館 24
那霸 10
高岡 29
富山 27 28
所澤 12
埼玉 11
東京 1 2 3 14 15 25 26
浦安 5
佐倉 13
千葉 4
橫濱 16
鎌倉 6
福井 31
大津 32
京都 33
名古屋 17 18
豐橋 30
岡山 35
廣島 8 22 36
大阪 7 19 34
神戶 20 21
北九州 9
松山 37
高知 38
長崎 39
熊本 40
鹿兒島 41

單軌電車是在單條軌道上行駛的電車，有跨座在軌道之上的「跨座式」與懸掛在軌道之下的「懸掛式」2種類型。

❶ 作為通往羽田機場的路線而打造的東京單軌電車（單軌電車濱松町～羽田機場第2大樓）

❷ 東京都交通局的上野動物園單軌電車（上野動物園東園～上野動物園西園）

❸ 多摩單軌電車（上北台～多摩中心）

❹ 千葉都市單軌電車（千葉港～千城台・縣廳前）

❺ 迪士尼度假區線（以度假區總站為起點循環運行）

❻ 湘南單軌電車（大船～湘南江之島）

❼ 大阪高速鐵道的大阪單軌電車線（大阪機場～門真市）。另有國際文化公園都市單軌電車線（彩都線）（萬博紀念公園～彩都西）

❽ Skyrail綠坂線（綠口～綠中央）

❾ 以北九州單軌電車之暱稱為人所知的北九州高速鐵道小倉線（小倉～企救丘）

❿ 以暱稱「YUI-RAIL」為大家所熟悉的沖繩都市單軌電車（那霸機場～首里）

新交通系統

新交通系統是利用橡膠輪胎或線性馬達列車等行駛於高架橋等專用軌道上的電車。優點在於噪音與晃動較少，亦可無人自動駕駛。

⓫ 埼玉新都市交通伊奈線「New Shuttle」（大宮～內宿）

⓬ 西武山口線「Leo liner」（西武遊樂園～西武球場前）

⓭ 山萬有加利丘線「無尾熊號」（以有加利丘為起點循環運行）

⓮ 東京都交通局的日暮里・舍人線（日暮里～見沼代親水公園）

⓯ 東京臨海新交通臨海線「百合海鷗號」（新橋～豐洲）

⑯ 行駛於橫濱的金澤海岸線（新杉田～金澤八景）

⑰ 愛知高速交通東部丘陵線「Linimo」（藤之丘～八草）

⑱ 名古屋導向巴士志段味線「Yutorito Line」（大曾根～小幡綠地）

⑲ 大阪Metro南港港城線「新電車」（宇宙廣場～住之江公園）

⑳ 神戶新交通港灣人工島線「Port Liner」（三宮～神戶機場、三宮經由北埠頭返回三宮的循環線）

㉑ 神戶新交通六甲人工島線「六甲Liner」（住吉～海上公園）

㉒ 廣島高速交通「Atram線」（本通～廣域公園前）

路面電車

路面電車是指沿著路上鋪設之軌道行駛的電車。昔日於無數都市裡奔馳，後因導致交通堵塞等理由而遭廢止，如今全日本僅19處保留下來。

㉓ 札幌市電（於市內環狀運行）

㉔ 函館市電（函館船塢前・谷地頭～湯之川）

㉕ 都電荒川線「東京櫻花路面電車」（三之輪橋～早稻田）

㉖ 東急世田谷線（三軒茶屋～下高井戶）

㉗ 富山地方鐵道富山市內軌道線「SANTRAM」

㉘ 富山輕軌富山港線「PORTRAM」（富山站北～岩瀨濱）

㉙ 萬葉線（高岡～越之潟）

㉚ 豐橋鐵道東田本線（站前～赤岩口・運動公園前）

㉛ 福井鐵道福武線（田原町・福井站～越前武生）

㉜ 京阪電鐵京津線（御陵～琵琶湖濱大津）・石山坂本線（石山寺～坂本比叡山口）

㉝ 京福電氣鐵道嵐山本線（四條大宮～嵐山）

㉞ 阪堺電氣軌道阪堺線（惠美須町～濱寺站前）・上町線（天王寺站前～住吉）

㉟ 岡山電氣軌道東山本線（岡山站前～東山・岡電博物館站）・清輝橋線（岡山站前～清輝橋）

㊱ 廣島電鐵（市內線）

㊲ 伊予鐵道松山市內線（以松山市站為起點，於松山市站～道後溫泉、JR松山站前～道後溫泉、松山市站～本町六丁目間循環）

㊳ 土佐電交通（伊野～後免町、高知站前～棧橋通五丁目）

㊴ 長崎電氣軌道（赤迫～崇福寺、赤迫～螢茶屋、崇福寺～螢茶屋、石橋～螢茶屋）

㊵ 熊本市電（田崎橋・上熊本站前～健軍町）

㊶ 鹿兒島市電（鹿兒島站前～谷山、鹿兒島站前經由鹿兒島中央站前～郡元）

嘗試在車站內拍攝

車站內部（「站內」）實乃攝影景點之寶庫。最好牢記從月台拍攝電車的訣竅、在車站內的拍攝重點、技巧與拍攝禮儀等，安全地拍攝。剪票口外也設有紀念物等。

該在何處拍攝？

❶從月台邊緣處

不妨到月台邊緣處看看。車站月台其實是絕佳拍攝地。
此外，從月台可以安全地拍攝正在行駛的車輛編制照。
電氣化區間則可從架線柱內側或設有安全柵的月台邊緣處來拍攝。
從地面無法拍攝行駛於高架上的車輛，但在車站月台則可從相同高度
進行拍攝。
從月台還能簡單拍到停車中的並排電車。

從月台拍攝的南海電鐵 今宮戎站（往難波方向）

JR原宿站（往代代木方向）的月台上有安全欄

在京濱急行 上大岡站拍下並排的車輛

從月台上拍攝的JR山手線 西日暮里站（往田端方向）

該在何處拍攝？

❷從月台中間區域

從月台中間區域可以近距離拍攝電車。

從JR東京站的10號線可看到東北新幹線的車廂連結部位近在眼前，令人興奮不已！

不妨也試試拍攝停靠電車的形式照。

（P2-3有形式照的解說）

從JR東京站10號線可看到東北新幹線的路線近在眼前

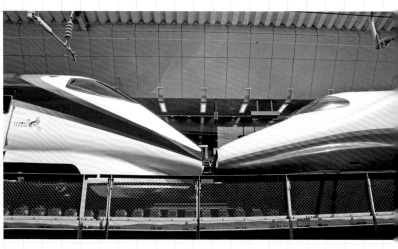

可無懈可擊地拍攝E3系（左）與E2系（右）的車廂連結部位

這個角度過大

① 列車後方的深度會往上提，看起來的角度不自然

大約這個角度為佳

② 蹲低拍攝的話，列車後方的深度會往下降，感覺比較自然

若要在月台上拍攝形式照，建議選擇高架車站。這是因為地面車站大多會架設站橋，天晴之日橋的影子倒映在車輛上。

訣竅是要蹲著拍。若是站著拍，列車後方的深度會變得不自然（①），在月台上蹲低拍攝，即可拍出如②般自然的感覺。

在月台上拍攝時請勿干擾到其他乘客或站務員，並且特別留意切勿超出月台上的黃線來進行拍攝。

該在何處拍攝？

❸在車站內
拍攝快照

「站內」會有各式各樣與鐵道相關的展示品與設施。當下覺得很不錯的話就立刻拍下來，這便是快照的訣竅。關鍵就在於有想拍的念頭就立即拍攝。

於JR大宮站中拍攝205系的駕駛座

JR濱松町站的月台上有座小便小僧

JR東京站往丸之內方向的地下南口剪票口外有展示C62的驅動輪

關於攝影

在「站內」請勿開啟閃光燈拍攝以免妨礙列車運行。此外，三腳架會造成乘客或站務員的困擾，因此禁止使用。請遵守規則，愉快地拍攝吧。

貨物列車

每天有500輛貨物列車行駛於日本各地，從石油、水泥等原料乃至汽車、電器用品、食品等製品都有運送。行駛距離約19萬km，相當於繞地球約5周。為了減少CO2排放量以降低對環境的影響，目前持續推動從貨車等運輸工具逐漸轉換成以貨物列車運送的「運輸模式轉換（Modal Shift）」思維，改以能定時運送大量貨物的JR貨物作為運輸手段。

私鐵公司的貨物列車已不復存在，不過日本除了JR貨物外，臨海鐵道也相當活躍，負責運送臨海工廠地帶的貨物。

DF200型

行駛於JR北海道管轄範圍內的DF200型柴油機關車被人暱稱為「ECO-POWER RED BEAR」，為JR貨物之代表。於車輛前後配置機關車而提升了驅動力，強而有力地在北海道大地上奔馳。

貨物列車行駛的路線

名寄
北見
滝川
富良野
札幌
釧路
苫小牧貨物
帶廣貨物
東室蘭
函館貨物
東青森
八戶臨海鐵道
八戶貨物
秋田貨物
盛岡
秋田臨海鐵道
石卷港
新潟
仙台
秩父鐵道
黑井
南長岡
仙台臨海鐵道
高岡貨物
郡山
金澤
富山貨物
熊谷
小名浜
宇都宮
福島臨海鐵道
南松本
越谷
鹿島臨海鐵道
三岐鐵道
京都貨物
岐阜
新座
上浦
伯耆大山
西岡山
元善光寺
隅田川
姬路貨物
名古屋
東京
伯耆大山
東水島
大阪
神戶
靜岡貨物
京葉臨海鐵道
北九州
廣島
高松
神奈川臨海鐵道
福岡
鳥栖
松山
名古屋臨海鐵道
川崎貨物
梶ヶ谷
有田
熊本
衣浦臨海鐵道
八代
水島臨海鐵道
西濃鐵道
川內
佐土原
鹿兒島

— JR貨物運行路線
— JR以外的貨物運行路線
○ 貨物總站
○ 主要貨物車站

JR貨物是借用JR各公司的路線行駛，但在部分區間會行駛於民間鐵道公司的路線上。大型港口附近都設有臨海鐵道。貨物列車從JR路線轉進臨海鐵道，於港口裝卸貨物後再返回JR路線上。

EH500型

原本是從首都圈駛至北海道，如今還開始於九州內行駛。以暱稱「金太郎」為人所熟知。

EF510型

曾經牽引仙后座號，如今成為貨物專用車。有「Red Thunder」之稱。

EF81型

EF81 139

EF81型不光運送貨物，還負責牽引「仙后座號紀行」的客車。

EF65型

2輛並列的EF65型正在尾久車輛中心進行維護。就像人接受健康檢查來檢驗身體，為了維持定時運行，貨物列車也少不了定期的安檢與維護。於日本各地的車輛中心都能看到貨物列車。

EH200型

EH200型是由JR貨物設計而成。車體強調直線，且因漆成藍色而有「藍色聖誕老人」的暱稱。

EF210型

裝載大量貨物的貨物列車，即便車廂編制較長，仍鏗鏘有力地奔馳，其身影威武極了。每個人家裡都有家具、冰箱、電視等大量使用起來很方便的物品，這些都是利用貨物列車從各地工廠運出，移載至貨車後再送達住家，這麼一想便能體認貨物列車在我們生活中肩負著不可或缺的任務。以暱稱「桃太郎」為人所知。

將貨物裝進貨物列車中

貨物的裝卸是在貨物總站等專門場所進行。利用堆高機將裝滿貨物的貨櫃裝載至列車上。

利用陸路銜接貨物列車來運送貨物

從貨物列車上將物品移載至貨車上，經由陸路運送至最終目的地。

豪華列車・觀光列車

日本各地都有豪華列車，有些不但設計迷人還有精緻的內部裝潢，有些則可享用不輸餐廳的餐點。可巡遊觀光地，且待在車內時也很愉悅的列車稱為觀光列車。JR各公司將這種團體專用列車或活動列車・遊覽運輸列車・觀光列車（有時還有臨時列車）等所使用的列車稱為「愉快列車」。除了豪華列車與觀光列車等愉快列車外，此單元還介紹了臥鋪特急。

黑部峽谷鐵道

JR東日本「仙后座號」 為旅行社旅遊團專用的臨時列車，有2種類型。其一為JR東日本「View Travel Service」所主辦的「仙后座號漫遊」。此為從上野站出發巡遊北海道觀光地後再返回上野站的周遊旅程，往返路線各異。另一種則是「仙后座號紀行」，由「View Travel Service」與旅行社所企劃，並非往返於上野站～札幌站之間，而是去程或回程擇一的單程之旅。與豪華的餐廳車廂或晚餐車廂連結，是一位難求、令人憧憬的臥鋪特急。

JR東日本「TRAIN SUITE 四季島」 從2017年開始運行的周遊型臨時臥鋪列車（周遊列車），是全新型態的旅遊方案。

JR北海道「富良野・美瑛慢車號」 從旭川站經由美瑛站與薰衣草花田站，通往富良野站的臨時列車，行駛途中可欣賞美瑛丘陵與薰衣草花田，是備受歡迎的列車。

JR東日本「Resort白神號」 KIHA48型熊啄木鳥車輛（左）與HB-E300系青池車輛。

渡良瀨溪谷鐵道

嵯峨野觀光鐵道

越後心動鐵道「雪月花」

大井川鐵道「湯瑪士小火車」
湯瑪士與好友希洛並排在一起，總是因為拍照人潮喧鬧不已。

JR西日本「黃昏特快瑞風號」
自2017年起運行的周遊型臨時臥鋪豪華列車，宣傳語是「遊走於旖旎日本的移動飯店」。

JR西日本「Salon Car 浪速號」

JR四國「四國正中千年物語號」

JR四國「伊予灘物語號」

JR四國「麵包超人列車」 繪有麵包超人與其夥伴的繽紛車體。有些列車是繪於天花板或地板上。

JR九州有許多豪華列車、觀光列車與愉快列車行駛。又以周遊列車「七星 in 九州」為最具代表性的豪華列車，客車猶如飯店一般。巡遊九州各地。

周遊列車「七星 in 九州」

JR九州「阿蘇男孩號」

JR九州「伊三郎新平號」

JR九州「坐A列車去吧」

JR九州「由布院之森號」

JR九州「隼人之風號」

御召列車 E655系
天皇陛下與皇后陛下專用的列車即稱為「御召列車」。車頭上有日本國旗與菊花御紋加以綴飾，為皇室專用車輛。

JR東日本・東海・西日本經營的臥鋪特急
臥鋪特急日出出雲號、臥鋪特急日出瀨戶號

「日出出雲號」是在東京站～大阪・姬路・岡山・倉敷・松江・出雲市站之間運行，「日出瀨戶號」則是行駛於東京站～大阪・姬路・岡山・坂出・高松站之間。「日出出雲號」與「日出瀨戶號」是唯一定期運行的臥鋪特急。是務必搭乘一次看看的列車。

立山黑部阿爾卑斯山脈路線

立山連峰是3000m級的群山相連而成。昔日因險峻高山與深邃溪谷而被稱為祕境。於富山縣的立山挖掘了隧道，打造出通往長野縣的觀光路線，命名為「立山黑部阿爾卑斯山脈路線」。從富山地方鐵道的立山站相繼轉乘巴士、纜車、坡道纜車等6種交通工具，抵達長野縣的扇澤站，這條變化萬千的路線吸引無數觀光客來訪。總長37.2km、最大高低差達1975m，幾乎全區間都落在中部山岳國立公園內。此路線最大的看點在於號稱日本第一高（186m）的黑部水庫，其龐大規模令人驚嘆。此路線從4月中旬運行至11月底，入冬後即封閉。2019年春季起，無軌電車引退，電氣巴士開始運行（P84～85也有刊載）。

立山黑部阿爾卑斯山脈路線

SL列車

1825年喬治‧史蒂芬生在英國打造出「機關號」，花費2小時行駛61km，此為最初的SL（蒸汽機關車）。和現今電車相較下其速度慢難以置信，但畢竟是如鐵塊般的機關車動了起來，當時的人們無不感震驚，故而轟動一時。日本最初則是1872年從新橋站駛至橫濱站，以與蒸汽船相同的構造行駛於陸地上，因此又稱為「陸蒸氣」。蒸汽關車的構造是燃燒煤炭使水沸騰，再利用所產生的水蒸氣作為動力來動車輪。英語稱為「Steam Locomotive」，取其首字母稱之SL。自從柴油機關車與電氣機關車開始行駛後，SL便一個接著一個失蹤影，然而奔馳時向上蒸騰著白煙並推動巨大活塞發出啾啾啾聲響身影別具魅力，如今再次回歸，作為觀光之用持續行駛。

真岡鐵道

真岡鐵道的「真岡號」採用了C11型與C12型兩輛SL，行駛於茂木站與下館站之間。一年到頭都有行駛，因此可細細品味春季櫻花或冬季雪景等四季景色。

SL群馬 水上號

「SL水上號」從高崎站駛至水上站約需2小時，在途中的澀川站會停靠25分鐘左右，因此是拍照的好機會。自2011年起C61型也投入運行。此外，自2018年10月起改名為「SL群馬 水上號」運行。

SL山口號

1937年製造的C57型1號機從新山口站駛至津和野站約63km，費時2小時左右。5輛客車的內部裝設各異，1號車設計成有展望甲板的「展望車形式的客車」，氣氛豪華，宛如高級飯店一般。

主要SL列車的運行區間

SL冬之濕原號（釧路～標茶）

SL銀河號（花卷～釜石）

SL群馬 水上號（高崎～水上）
SL復古碓冰號（高崎～横川）
PALEO EXPRESS（熊谷～三峰口）

SL磐越物語號（會津若松～新潟）
SL大樹號（鬼怒川溫泉～下今市）
SL真岡號（下館～茂木）

SL北琵琶湖號（米原～木之本）
SL山口號（新山口～津和野）

SL川根路號
機關車湯瑪士號
機關車詹姆士號
（新金谷～千頭）

SL人吉號（熊本～人吉）

SL磐越物語號

C57型的180號機是於1946年製造而成。相對於巨大的驅動輪，鍋爐較為細長而身姿優美，故暱稱為「貴婦人」。客車的木紋風內部裝設與車體的配色等都散發出復古氛圍。

SL人吉號

以2小時30分鐘左右連結熊本站與人吉站。8620型是由鐵道院（國鐵的前身）製造而成，為大正時期量產的機關車，暱稱為「86」。豪華客室裡還有展望休息室，享有備受全日本喜愛的超高人氣，為日本最古老的現役蒸汽機關車。

私鐵的SL

SL大樹號

東武鐵道的「SL大樹號」（C11型）自2017年開始運行，從鬼怒川溫泉站駛至下今市站約12km。復活的機關車約66公噸，是向JR北海道借來的，客車與轉車盤則是分別從JR四國與JR西日本讓渡而來，運行方面則是在JR各公司與秩父鐵道、大井川鐵道、真岡鐵道各公司的協助下才得以實現。

SL冬之濕原號

於釧網本線的釧路站～標茶站之間運行。氣勢雄偉地行駛於雪景之中的身影備受喜愛。

SL PALEO EXPRESS

秩父鐵道的「SL PALEO EXPRESS」（C58型）是行駛於距離首都圈最近之處的SL。1944年製造而成，直到1972年廢車為止持續行駛了約100萬km以上。廢車15年後再度復活，於熊谷站至三峰口站約57km的區間內行駛。

SL川根路號

大井川鐵道一年超過300天都有SL營運。SL的全年行駛天數、總行駛公里數與現役運行輛數都是日本第一。

轉車盤

轉車盤會載著蒸汽機關車進行旋轉以改變其方向，是維持蒸汽機關車運行不可或缺的重要裝置。
（照片為京都鐵道博物館的轉車盤）

路軌匯集至圓形處，其中心區也設有路軌。此為轉車盤，載著蒸汽機關車旋轉，再接續至運行的路軌。

京都鐵道博物館中以靜態模式保存蒸汽機關車，展示蒸汽機關車即將進入轉車盤的情景。

拍攝訣竅

以黃昏特快瑞風號為範本來看看4種主要軌道形狀的不同拍法吧。

❶外曲線照

外曲線照（指從彎曲軌道的外側來拍攝）強調的是列車的「臉部」（車頭），可活用長車廂編制拍出充滿魄力的照片。確認好車輛的長度，讓所有車廂入鏡為佳。

❷直線照

日本的鐵道是左側通行，因此若是行駛於複線鐵道上的列車，只要採用車頭朝右側行駛的構圖，拍攝時車輛就不會與架線柱疊合。如照片所示，柴油車運行區間沒有架線柱，因此拍起來漂亮俐落。拍攝直線照時，請避免太過接近路軌。

❸內曲線照

若是內曲線照（指從彎曲軌道的內側來拍攝），從較低位置來拍攝列車為佳。可拍出彷彿列車正朝自己身側駛來般震撼力十足的照片。

❹S字曲線照

正如名稱所示，S字曲線是指軌道曲線由右方延續至左方的地方，關鍵在於盡可能捕捉長編制的車廂。此外，從陸橋等高處來瞄準，即可拍出強調S字的帥氣照片。

鏡頭的運用（推薦變焦鏡頭）

望遠 200 ㎜

標準 55 ㎜

廣角 35 ㎜

以上3張照片是在同一地點、同一輛列車，變換鏡頭所拍出的成果。

200mm望遠鏡頭會壓縮車輛，放大背景的山峰。

55mm標準鏡頭在視覺上和人肉眼所見幾無二致。

35mm的廣角鏡頭則有延長的感覺，背景的山峰看起來較遠。

像這樣變換鏡頭即可拍出截然不同的感覺。

話雖如此，能夠拍出漂亮鐵道照片的拍攝地點不多，因此在為數不多的地點攝影時，建議不要使用各式各樣的鏡頭，而是選用從廣角到望遠都能以1個鏡頭來調整的變焦鏡頭。

外曲線0角度

前頁①的外曲線照中，若列車臉部面向相機呈正前方的狀態，即稱為「外曲線0角度」。拍攝外曲線0角度的照片須使用望遠鏡頭，並從曲線外側瞄準列車的正前方，只要拍得巧妙，即可呈現出眼看就要飛奔出來似的震撼照片（右側照片）。

先調查直線、曲線等軌道的形狀與車輛的長度，決定好拍攝地點，思考鏡頭的搭配並多拍幾次，便可一點一滴提升技巧。拍攝漸入佳境後，不妨也試著挑戰拍攝外曲線0角度的照片吧。

鐵道博物館

待一整天也無法玩透透！鐵道博物館

鐵道博物館以暱稱「鐵博」為人所知，在此設施中可以近距離觀看蒸汽機關車乃至新幹線等形形色色的車輛，還可進入車輛中實際乘坐看看。新設的南館已於2018年7月開幕，內容多到一天都玩不完。不光只有車輛與資料的展示，體驗型展示也很充實，有可體驗駕駛D51蒸汽機關車與E5系新幹線等的模擬裝置、可體驗車內廣播與開關車門等車掌工作的模擬裝置等。

本館 車輛站「ROLLING STOCK」中展示著36輛蒸汽機關車乃至新幹線等各個時代的實體車輛，還有部分車輛可以實際進入車內。此外，2樓可透過模型展示觀看車輛的變遷。

新橋～橫濱之間的鐵道開通時，連同自英國進口的1號蒸汽機關車（左）一起重現當時的新橋站

暱稱「姆明」的EF55型電氣機關車

可進入ED75型電氣機關車的駕駛台內（右）

於明治時代活躍一時的Hanif 1型客車中，利用光雕投影映照出當時人們的身影

臥鋪特急「朝風號」20系客車與客室內部（右）

KIHA41300型的車內有田園風景的實拍影像投映在車窗上（右）

南館 歷史站（3樓）將日本鐵道開通至今劃分成6個時代來介紹其相關歷史。

1樓有E5系與400系兩輛新幹線並排　　可以了解每個時代各異的車站樣貌與當時的鐵道技術

體驗展示 除了各式各樣的駕駛模擬裝置外，可體驗車內廣播與在車站上開關車門的車掌模擬裝置也相繼登場。

車輛站1樓的D51模擬裝置。連車體搖晃都加以重現，是正規的模擬裝置

南館「工作站」的E5模擬裝置。可親身感受新幹線320km的時速。另有通勤型車輛與車掌模擬裝置

來到「迷你駕駛列車」即可在實際軌道上駕駛3人座的小型列車前進

還有「鐵博線」（上）與繞行廣場1周的「迷你隼號」行駛

用餐 除了正統火車餐廳日本食堂外，南館4樓還有可觀看新幹線的景觀餐廳，兒童廣場裡則有兒童咖啡館。亦可在集結人氣鐵路便當的車站便當店裡購買便當，在午餐列車內享用。

博物館商店 在博物館商店「TRAINIART」裡可購買五花八門的鐵道相關伴手禮。

網羅五花八門伴手禮的「TRAINIART」。炙手可熱的「E5系隼號HINT MINT」（上）為490日圓（含稅）

在車站便當店裡買得到的E5系隼號便當為1200日圓（含稅）。吃完後還可把隼號形狀的便當盒帶回家

轉車盤現場旋轉秀

車輛站中央有座用來改變機關車方向的轉車盤。每天12點與15點會上演由轉車盤載著蒸汽機關車旋轉的表演。隨著響亮鳴笛聲開始旋轉改變方向的機關車魄力十足，務必來此感受一下。

＜鐵道博物館＞

開 館 時 間：10:00～18:00（入館至17:30）

休 館 日：每週二與新年期間　※國定假日、黃金週與暑假等週二則照常開館

入 館 費 用：大人1300日圓，國小至高中生600日圓，幼童（3歲以上尚未就學的兒童）300日圓

地 址：埼玉県さいたま市大宮区大成町3丁目47番

電 話 號 碼：048-651-0088

交 通：從JR大宮站搭埼玉新都市交通「New Shuttle」，於「鐵道博物館（大成）站」下車，徒步1分鐘

轉車盤旋轉之際還會穿插博物館工作人員淺顯易懂的解說

鐵道博物館本館（左）與新開館的南館（右）

磁浮鐵道館

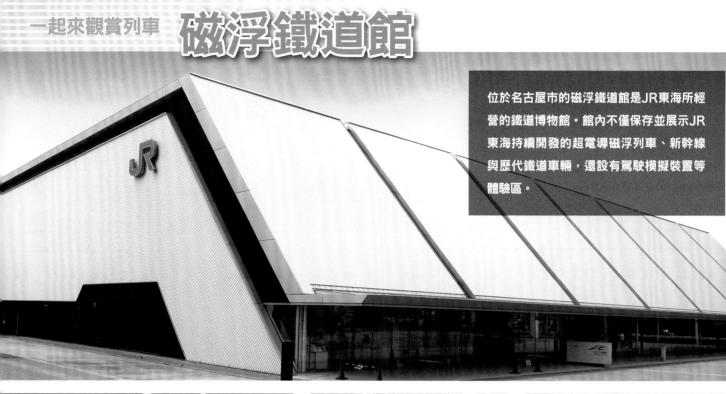

位於名古屋市的磁浮鐵道館是JR東海所經營的鐵道博物館。館內不僅保存並展示JR東海持續開發的超電導磁浮列車、新幹線與歷代鐵道車輛，還設有駕駛模擬裝置等體驗區。

一走進入口便有C62型蒸汽機關車、955型新幹線實驗電車（300X）與超電導磁浮MLX01-1相迎。每一輛都刷新當時世界最高速度的紀錄

內側樓層有保存並展示新幹線、在來線與機關車等各式各樣的車輛

也對外公開車輛內部，可以感受運行當時的氛圍

可親身體驗轉車盤的模擬裝置格外受歡迎

Delica Station有販售磁浮鐵道館限定的便當、名古屋站的鐵路便當、三明治、東海道新幹線車內的咖啡等

連食堂車與當時的餐點都加以重現

2樓也有兒童區

<磁浮鐵道館>

開 館 時 間：10:00～17:30（入館至閉館前30分鐘）

休 館 日：每週二（遇國定假日則隔天休）與新年期間（12月28日～1月1日）　※春假、黃金週、暑假等週二則照常開館

入 館 費 用：大人1000日圓，國小至高中生500日圓，幼童（3歲以上尚未就學的兒童）200日圓

地 址：愛知県名古屋市港区金城ふ頭3丁目2番2

電 話 號 碼：052-389-6100

交 通：從名古屋站搭青波線，於終點金城埠頭站下車，徒步2分鐘

碓冰峠鐵道文化村

舊碓冰線昔日是連結信越本線的群馬縣橫川站與長野縣輕井澤站，必須上下攀爬陡坡，因此對列車而言是相當險峻的路段。當時是採用名為「齒軌式」的方式，讓鋪設於2條軌道正中央的齒條與設置於機關車底下的齒輪互相咬合；齒軌式廢除後，改用2輛輔助機關車來翻越碓冰峠。碓冰峠鐵道文化村中不僅展示出與翻越碓冰峠相關的各式資料與昔日曾活躍一時的實體車輛，還可享受利用信越本線的廢線遺跡來運行的觀光小火車等樂趣。

齒軌式軌道與齒軌式機關車ED42

作為輔助機關車活躍一時的EF63與其駕駛台

自舊國鐵時代留下來的車輛，無論維護還是塗裝都復原成往年的狀態，置於戶外展示

可在產自英國的蒸汽機關車「Green Breeze」（齒軌君）的牽引下繞行場內1周

＜碓冰峠鐵道文化村＞
開 園 時 間：9:00～17:00（11月1日～2月最後一天～16:30。入園至閉園前30分鐘）
休 園 日：每週二（遇國定假日則隔天休）與12月29日～1月4日 ※8月的週二則照常開園
入 園 費 用：國中生以上500日圓、國小生300日圓，尚未就讀國小則免費（家長陪同）
地 址：群馬縣安中市松井田町橫川407-16
電 話 號 碼：027-380-4163
交 通：JR信越本線橫川站下車即達

九州鐵道紀念館

含括九州鐵道紀念館在內的JR門司港站周邊以「門司港懷舊區」之名成為觀光景點，觀光小火車「潮風號」行駛於九州鐵道紀念館站與關門海峽和布刈站之間。

明治時期建造的磚造本館中還展示出當時十分活躍的客車

觀光小火車「潮風號」

＜九州鐵道紀念館＞
開 館 時 間：9:00～17:00（入館至閉館前30分鐘）
休 館 日：每月第二個週三（8月除外）。7月則是第二個週三與週四 ※若第二個週三遇國定假日則隔天休
入 館 費 用：大人300日圓、國中生以下150日圓、未滿4歲免費
地 址：福岡縣北九州市門司區清瀧2丁目3番29号
電 話 號 碼：093-322-1006
交 通：從JR門司港站徒步3分鐘

車輛展示場裡有在九州活躍一時的9輛列車並排

京都鐵道博物館

位於京都市的京都鐵道博物館是將昔日位於此地的梅小路蒸汽機關車館加以擴大翻修，並於2016年開館的設施。館內有展示蒸汽機關車乃至新幹線等53輛車輛。每一台都是堪稱日本近代化象徵的寶貴車輛，其中又以20輛蒸汽機關車（含動態保存於扇型車庫內的8輛在內）的震撼力最令人歎為觀止。此外，還能搭乘行駛於車站內單程500m展示運行線上的「SL蒸汽號」。

入口的尖銳設計令人印象深刻

舊二條車站建於1904年，為日本最古老級的木造車站

連接入口大廳與本館的散步道全長約100m，展示著12輛列車

挑高的本館1樓十分寬敞，有展示500系新幹線與JR西日本最具代表性的12輛列車

本館內也有展示鐵道歷史與車輛構造相關的珍貴資料

「TWILIGHT廣場」中有展示風靡一世的豪華臥鋪特急「黃昏特快號」

扇形車庫裡以轉車盤為中心並排多達20輛蒸汽機關車，為京都鐵道博物館中可看性最高的景點

按部就班持續進行蒸汽機關車的維護，以便隨時都能發動

「SL蒸氣號」是炙手可熱的體驗展示，可以搭乘由真正蒸汽機關車牽引的客車

在位於2處的博物館商店購買經典伴手禮。京都鐵道博物館特製的罐裝「京都銘菓OTABE」（左）與剎車把手造型的開瓶器（右）

＜京都鐵道博物館＞

開 館 時 間：10:00～17:30（入館至17:00）

休 館 日：每週三（遇國定假日則照常開館）、新年期間

入 館 費 用：大人1200日圓，高中、大學生1000日圓，國中小生
　　　　　　　500日圓，幼童（3歲以上）200日圓

地 址：京都市下京区観喜寺町

電 話 號 碼：0570-080-462

交 通：從JR京都站搭京都市巴士205・208系統約10分鐘，於
　　　　　　　「梅小路公園前」下車徒步約3分鐘。或者急行103・
　　　　　　　急行104・急行110・86・88系統擇一搭乘約10分鐘，
　　　　　　　於「梅小路公園・京都鐵道博物館前」下車徒步即達

車輛基地

所謂的車輛基地，是JR或私鐵進行鐵道車輛維護或列車編制等作業的設施，分布於全日本各地。JR的基地稱為電車區或機關區，私鐵則叫做檢車區，也有部分會依設施的規模或任務而稱為運轉所或車庫等。

為了預防鐵道車輛故障以確保行車安全，有必要定期檢查與維修。比喻成人的話，就像是接受健康檢查般，檢測是否有狀況不良之處。還會進一步進行簡單的故障維修、車內清潔與車體清洗等。拜車輛基地所賜，才得以確保每天通勤、通學與旅行的安全，因此可說是肩負重責大任。

大型的車輛基地有JR東日本新利府站的新幹線綜合車輛中心（宮城縣）、大阪府攝津市的JR東海新幹線鳥飼車輛基地（大阪府）、JR東日本豐田站的豐田車輛中心（東京都）與京葉車輛中心（位於千葉縣千葉市與習志野市2市之間）等。

其中都營地下鐵東大島站的大島車輛檢修場是位於地下的車輛基地，實屬罕見。

此外，也有像千葉縣銚子電鐵仲之町車庫這種購買入場券即可進入車庫內的車輛基地。

田端運轉所

田端運轉所位於東京的田端。田端站周邊有鐵道聖地之稱，走下田端站北口不遠處有座「接觸橋」，擺設了車輪與聯結器外罩等。穿越田端站的軌道再走一小段路即來到東北本線的軌道，其前方有座東田端公園（東京都北區東田端2-5-18），該處也有鐵道的紀念物，不妨順道走訪。田端運轉所是電氣機關車專用的車輛基地，有各式各樣的電氣機關車進出。

田端運轉所內側有新幹線的車庫，可於遠處看見新幹線

亦可在安全的地方觀看負責引導電氣機關車的鐵道員樣貌

尾久車輛中心

尾久車輛中心與田端運轉所相鄰，整體腹地被稱為尾久客車調車場。此車輛基地坐落於東北本線的尾久站與上中里站之間。從上中里站往東北本線軌道方向有座上中里清爽橋。走上橋即可俯瞰尾久車輛中心，還可望見東京晴空塔。

還有豪華周遊列車「TRAIN SUITE四季島」停靠

從上中里清爽橋上眺望的尾久車輛中心全景

上中里清爽橋是無須擔心下雨或強風的絕佳攝影景點

三鷹車輛中心

東京都三鷹市內的三鷹車輛中心坐落於中央本線三鷹站與武藏境站之間。走出三鷹站南口，沿著軌道旁的道路「電車庫通」前進，有一座全長約3m的陸橋橫跨三鷹車輛中心，成了觀察電車或是拍攝的絕佳之所。這座陸橋是使用舊軌道打造而成。

JR東日本的最新特急車輛E353「超級梓號」正要駛過

從陸橋可將三鷹車輛中心一覽無遺

陸橋的柵欄很高，因此大人小孩都能安心地觀看車輛或拍照

博多運轉區

立於福岡縣福岡市博多區的JR九州乘務員基地。位於鹿兒島本線竹下站的車站內，針對停靠博多站的特急列車進行維護與清潔。

787系「海鷗號」逐漸駛來。左後方停著一輛KIHA71系觀光列車「由布院之森號」

正在博多運轉區進行準備作業的列車是DF200型所牽引的周遊列車「七星in 九州」，為JR九州引以為傲的頂級列車

南福岡車輛區

立於福岡縣福岡市博多區的JR九州車輛基地，鄰接鹿兒島本線南福岡站。總計有600多輛編列在冊，為JR九州最大的車輛基地。

從南福岡站5號線可觀賞車輛區的全景及進出此區的電車緩緩移動的身影

從往博多站方向的平交道可近距離觀看進入洗車機的電車

私鐵與地下鐵也有車輛基地，進行許多車輛的維護與清潔作業。在此介紹兩座可於近處觀看的車輛基地。

京濱急行新町檢車區

京濱急行新町檢車區位於神奈川新町站。走出車站往品川站方向有座天橋，從該處可俯瞰檢車區。此外，走出車站往橫濱站方向還有個平交道，可從該處前後方的步道觀看。

約47,000m²的廣大腹地足以容納198輛車。檢車區四周有圍牆環繞，因此能拍攝的地方有限

亦可觀賞列車的洗車風景。魚貫進入洗車設施的列車會先以刷子清洗，接著往前移動進行車內清掃。清潔乾淨後才繼續載送人們

新町檢車區隔壁有JR的車庫、東海道本線與橫濱線，因此可同時欣賞到京急與JR

上野檢車區

東京Metro銀座線的車輛基地所在地離JR上野站與東京Metro上野站都很近。檢車區內有日本唯一的地下鐵平交道，總是有鐵道迷在此處手持相機等待著。經過平交道的車輛會緩緩而下，進入銀座線。

從平交道旁可欣賞銀座線車輛並列的身影。2017年導入了自開通以來已經迎來90週年的黃色1000系，因為是模仿日本最古老的地下鐵，設計自然是採用復古風，不過車輛是以最新技術打造而成

銀座線的車輛穿越平交道時，柵欄會放下。亦可在稍遠處觀看或拍照

快來參加車輛基地的活動吧

有些車輛基地會每年舉辦公開活動。有「豐田車輛中心祭」、「JR貨物 隅田川站貨物節」與「鐵道之町大宮 鐵道互動博覽會」等。

舉辦期間、報名參加的條件與入場方式等資訊會透過張貼於車輛基地沿線的海報公告。此外，JR各公司的官網上也會刊登通知，因此不妨平常就上去確認。

展示E259系「成田特快」。可以在距離很近的地方觀看，其龐大車體令人震撼。這些照片全是在尾久車輛中心開辦的「互動鐵道節」之情景

活動當天有大批大人及小孩來訪。還能搭乘如小火車般的迷你車輛，度過歡樂的一天

還有販售列車車牌

販賣便當的情景

將E655系「和號」擦洗得亮晶晶來展示，一旁有迷你列車行駛。E655系除了作為「御召列車」外，也會作為團體用的愉快列車使用

夢幻共演！以電車組成的合成照

協助：武相高等學校 鐵道研究同好會

合成照的拍法與後製方式

能夠同時看到多輛列車匯集的機會可遇不可求。然而，靠自己的雙手剪貼列車照片製成合成照，即可打造出「夢幻共演」的畫面。

比方說，以從車站附近天橋上拍攝的多條路軌照為底圖，再將想放進其中的列車照片剪下貼上即可。不過，要製作合成照就少不了個人電腦與「Photoshop」這類影像處理軟體。

在此介紹有利於打造更完美合成照的列車攝影方式以及合成照片的步驟。完成的照片即稱為「合成照」。

JR 日暮里站

JR山手線・京濱東北線・新幹線・高崎線・東北本線・常磐線

E235系　E233系 1000番台　651系 1000番台　E231系 1000番台　E233系 3000番台　E657系　E23 0番　E5系　185系　E4系

若想同時欣賞所有JR東日本的代表性電車，走出日暮里站剪票口後不遠處的橋上是最佳地點。在多條路線上往來的列車接二連三映入眼簾，是能同時拍到新幹線的最佳攝影景點。

三河島　日暮里・舍人線→　塔利咖啡　摩斯漢堡
新三河島　京成本線　巴士乘車處　GUSTO
常磐線　FamilyMart
西日暮里　東北本線・新幹線・山手線　日暮里站
高崎線・京濱東北線　出剪票口即達　天王寺公園　攝影景點　上野

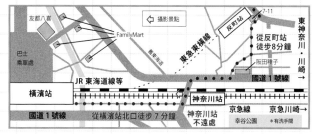

JR 橫濱站往東京方向

京急電鐵・JR京濱東北線・東海道線
橫須賀線・橫濱線

800型　2100型

E233系
6000番台

E233系
3000番台

E233系
1000番台

285系

E259系

E217系

若想眺望所有自橫濱站起訖的JR與京濱急行之路線，架設於國道1號上的「青木橋」是首選。此橋位於京濱急行神奈川站的剪票口前，試著從橋上拍攝大量往返於橫濱站一帶的列車來合成（後製方式請參照P64～65）。

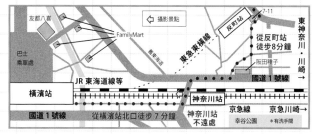

JR 京都站

東海道新幹線
JR西日本 東海道本線・湖西線

223系
1000番台

681系

221系

N700系

683系

若想眺望新幹線與JR在來線並列行駛、魄力十足的身影，推薦到這座有京阪本線從下方駛過的天橋。從京阪本線的七條站出發也只需5分鐘左右。還可看到交錯於普通列車中的特急「雷鳥號」。

門真市站（大阪府）

京阪電鐵 本線

10000系

8000系

3000系

7000系

京阪本線連結了京都與大阪，是關西最具代表性的私鐵路線。這座天橋位於離門真市站約2分鐘之處，大阪單軌鐵道與高速道路在眼前交叉，可以眺望往來於複線鐵道的特急與準急。

合成照的拍法

❶將相機固定在三腳架上。（前頁介紹的攝影景點是橫跨在路軌上的天橋，因此可以架設三腳架）

❷訣竅是選擇能讓左右路軌全部入鏡的廣角鏡頭。

❸將快門設定為連拍模式。

❹當自己喜歡的列車或車型接近時，請毫不猶豫地連拍。

❺重複步驟❹，拍攝行駛於所有路線上的列車編制照。所謂的編制照是指正在行駛的列車照，從車頭到最後一節車廂都入鏡的構圖最為理想。

合成照的後製方式

❶先開啟作為底圖的編制照。從連拍影像中選出行駛於畫面左側的京急800型編制照。

❷接下來是裁剪作業。從連拍的編制照中挑選覺得不錯的照片。這張拍攝的是「N'EX」。

❸使用Adobe Photoshop※等影像編輯軟體，僅裁剪出車輛與軌道。

❹接著便要進行照片的合成。利用影像編輯軟體的複製貼上功能，將❸裁剪好的「N'EX」影像貼在❶「京急800型」的畫面上。

❺同樣利用複製貼上功能將裁剪好的「E217系」照片貼在❶的畫面上。

貼上日出號（左），接著貼上東海道線E233系（右）。反覆進行此項作業，將所有的照片貼到❶的畫面上。

※影像編輯軟體中又以Adobe Photoshop最為著名，為收費軟體。免費軟體則有「PhotoPad圖像編輯軟體」、「PhotoScape」與「Zoner Photo Studio 18」等。每種軟體的功能都不同，能執行的作業也大不相同，因此不妨多嘗試幾個軟體來製作合成照。

※Adobe Photoshop是Adobe System Incorporated（奧多比系統公司）的商標。

貼上京濱東北線E233系

貼上橫濱線E233系

貼上京濱急行2100型，合成照即大功告成。

京濱急行除了5型的紅色車輛，另有漆成黃色或藍色的車輛，還有都營地下鐵的電車等行駛，因此琢磨要選擇哪個顏色也是一種樂趣。

日本各地還有其他「夢幻共演」的景點。

這幾處都是比較安全的景點，因此務必一訪。不過，也會有其他行人，所以請格外留意以確保安全。

JR御茶之水站與東京Metro丸之內線

JR中央・總武各站停車・中央快速

E231系0番台　E231系500番台

E233系0番台

02系

東京Metro丸之內線

小田急電鐵　東京Metro　小田急電鐵

小田原線　千代田線　小田原線

小田急線　代代木八幡站

30000型 EXEα

60000型 MSE

60000型 MSE　JR E233系

阪急・大阪單軌電車　螢池站

大阪單軌電車　萬博紀念公園站

1000系　2000系

大阪單軌電車

阪急電鐵寶塚線

7000系　1000系

彩都線

大阪單軌電車

本線

2000系

1000系

北海道

札沼線 北海道醫療大學～新十津川
於 2019 年春天廢止

札幌周邊

さっぽろしえいちかてつとうざいせん
札幌市營地下鐵東西線

札幌市電

大沼・駒岳

うちうらわん
内浦湾

函館本線

駒ヶ岳
こまがたけ

おおぬま
大沼

室蘭市街

むろらんほんせん
室蘭本線

本輪西
ほんわにし

東室蘭
ひがしむろらん

御崎
みさき

室蘭
むろらん

チキウ岬

おしりとう
奥尻島

おく
奥
しり
尻
かい
海
きょう
峡

積丹半島
しゃこたんはんとう

新雪谷

ニセコ

函館本線

長万部
おしゃまんべ

支笏・洞爺

洞爺湖
とうやこ

室蘭本線

東室蘭
ひがしむろらん

室蘭
むろらん

内浦湾
うちうらわん

室蘭市街

大沼・駒岳

森
もり

渡島沼尻
おしまぬまじり

鹿部
しかべ

大沼公園
おおぬまこうえん

大沼
おおぬま

仁山
にやま

新函館北斗
しんはこだてほくと

七飯
ななえ

大中山
おおなかやま

五稜郭
ごりょうかく

函館周邊

函館
はこだて

木古内
きこない

道南
どうなん
いさりび鐵道

北海道新幹線
ほっかいどうしんかんせん

青函トンネル
せいかん

日本海
にほんかい

礼文島
れぶんとう

利尻島
りしりとう

焼尻島
やぎしりとう

天売島
てうりとう

宗谷本線
そうやほんせん

稚内
わっかない

①日本最端的車站

石狩湾
いしかりわん

札沼線（學園都市線）
函館本線

室蘭本線

千歳線

石勝線

日高本線
ひだかほんせん

新夕張～夕張
於 2019 年 4 月廢止

三笠鐵道紀念館

北海道新幹線開通的同時，作為第三部門開始營業的
「道南漁火鐵道」（KIHA40型）

0   50km

66

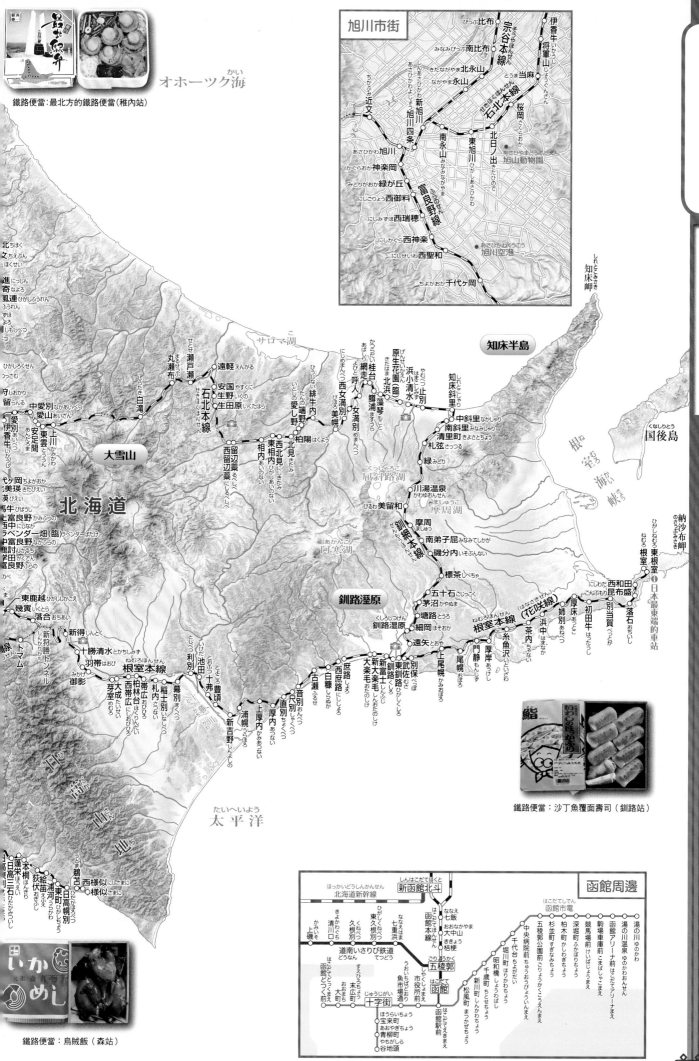

鐵路便當：最北方的鐵路便當（稚內站）

鐵路便當：沙丁魚覆面壽司（釧路站）

鐵路便當：烏賊飯（森站）

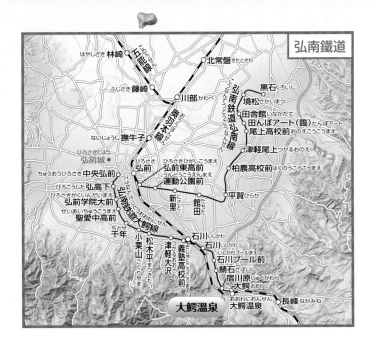

弘南鐵道

五能線 ごのうせん
はやしざき 林崎
北常盤 きたときわ
ふじさき 藤崎
川部 かわべ
弘南鉄道弘南線
黒石 くろいし
境松 さかいまつ
田舎館 いなかだて
田んぼアート（臨）たんぼアート
尾上高校前 おのえこうこうまえ
津軽尾上 つがるおのえ
ないじょうじ 撫牛子
弘前城
ひろさき 弘前
弘前東高前 ひろさきひがしこうまえ
柏農高校前 はくのうこうこうまえ
運動公園前 うんどうこうえんまえ
ちゅうおうひろさき 中央弘前
新里 にさと
館田 たてた
平賀 ひらか
ひろうした 弘高下
弘前学院大前 ひろさきがくいんだいまえ
せいあいちゅうこうまえ 聖愛中高前
ちとせ 千年
石川 いしかわ
石川 いしかわ
石川プール前 いしかわプールまえ
義塾高校前 ぎじゅくこうこうまえ
松木平 まつきたい
せいぶあいだいおおわに 弘南鉄道大鰐線
津軽大沢 つがるおおさわ
鯖石 さばいし
宿川原 しゅくがわら
小栗山 こぐりやま
大鰐 おおわに
大鰐温泉
おおわにおんせん 大鰐温泉
長峰 ながみね

津軽隧道 DD350型

鐵路便當：雞肉飯（大館站）

久六島
きゅうろくじま

弘南鐵道大鰐線 DEHA7000系

秋田內陸縦貫鐵道 AN8000型

日本海
にほんかい

0   30km

男鹿半島
おがはんとう

津軽海峡
つがるかいきょう

津軽半島
つがるはんとう

五能線
ごのうせん

白神山地

五能線 ごのうせん
せんじょうじき 千畳敷
おおどせ 大戸瀬
かせせ 風合瀬
とどろき 轟木
おいらせ 追良瀬
ひろさき 広戸
ふかうら 深浦
よこいそ 横磯
へなし 艫作
ウェスパ椿山 ウェスパつばきやま
むついわさき 陸奥岩崎
じゅうにこ 十二湖
まつかみ 松神
しらかみだけとざんぐち 白神岳登山口
おおまごし 大間越
いわだて 岩館
あきたしらかみ あきた白神
たきのま 滝ノ間
はちもり 八森
ひがしはちもり 東八森
さわめ 沢目
とりがた 鳥形
きたのしろ 北能代
むかいのしろ 向能代
のしろ 能代
ひがしのしろ 東能代
きたかなおか 北金岡
もりたけ 森岳
かど 鹿渡
こいかわ 鯉川
はちろうがた 八郎潟

奥羽本線
おううほんせん

男鹿線
おがせん
はだち 羽立
おが 男鹿
脇本 わきもと
船越 ふなこし
天王 てんのう
上二田 かみふただ
ふただ 二田
出戸浜 でとはま
上飯島 かみいいじま
土崎 つちざき

秋田 あきた
秋田縣

羽越本線
うえつほんせん
うごうしじま 羽後牛島
あらや 新屋
かつらね 桂根
しもはま 下浜
みちかわ 道川
いわきみなと 岩城みなと
うごかめだ 羽後亀田
おりわたり 折渡
うごいわや 羽後岩谷

秋田内陸縦貫鉄道
スマイルレール秋田内陸線

太平山
たいへいざん

青森鐵道 青森703系

IGR岩手銀河鐵道 IGR7000系

鐵路便當：帆立釜飯（青森站）

鐵路便當：八戶小唄壽司（八戶站）

鐵路便當：海膽便當（久慈站）

三陸鐵道

在東日本大地震中受創的JR山田線宮古到釜石區間，已於2019年3月修復完畢，移交給三陸鐵道經營。自此三陸鐵道北谷灣線與南谷灣線串連成一條路線，以「三陸鐵道谷灣線」之姿開始運行。新車站「払（拂）川站」與「八木澤・宮古短大站」也同時開通。

山形鐵道 YR880型

鐵路便當：牛肉正中央（米澤站）

福島交通 1000系

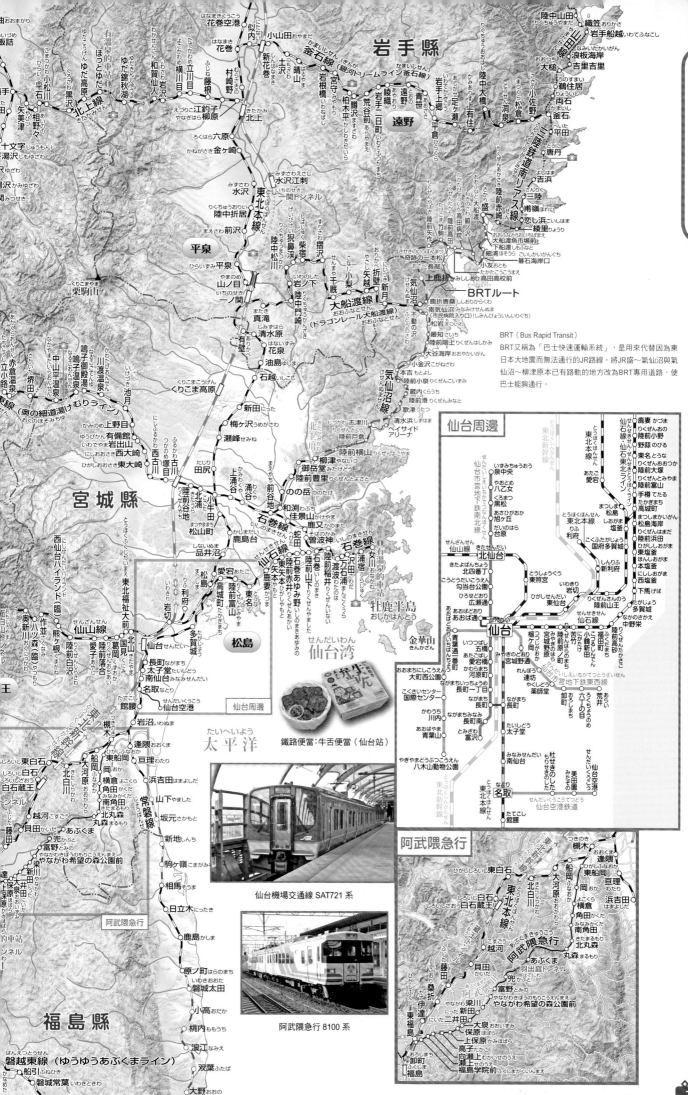

鐵路便當：牛舌便當（仙台站）

仙台機場交通線 SAT721 系

阿武隈急行 8100 系

BRT（Bus Rapid Transit）
BRT又稱為「巴士快速運輸系統」，是用來代替因為東日本大地震而無法通行的JR路線。將JR盛～氣仙沼與氣仙沼～柳津原本已有路軌的地方改為BRT專用道路，使巴士能夠通行。

首都圏鐵道路線 P76～77

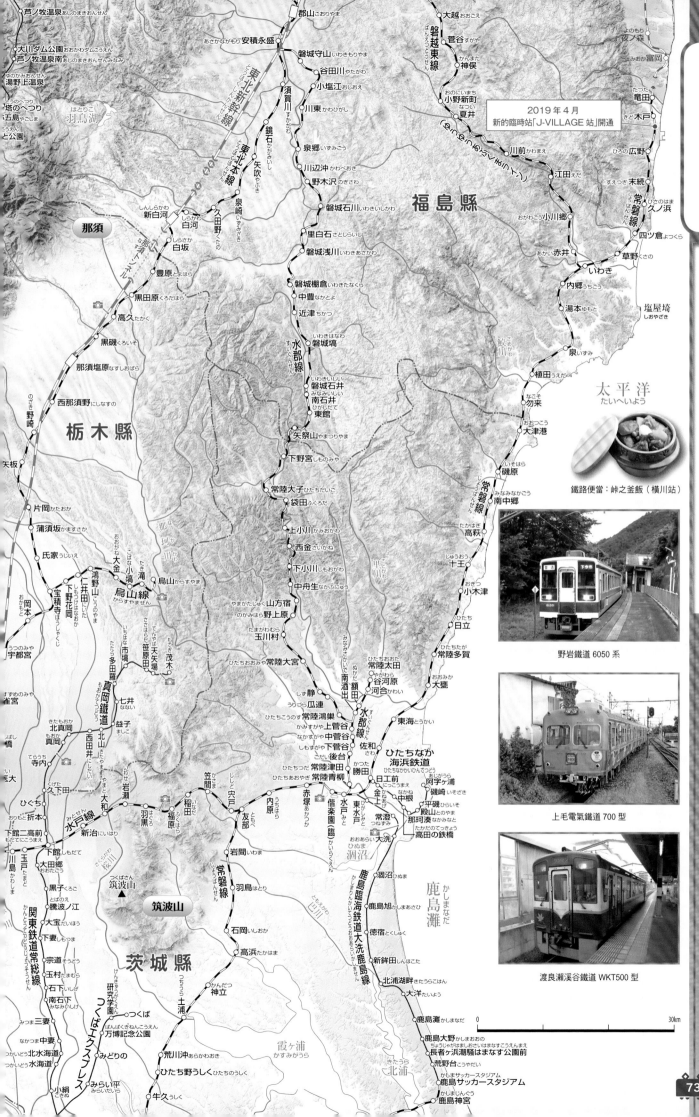

芦ノ牧温泉 あしのまきおんせん
大川ダム公園 おおかわダムこうえん
芦ノ牧温泉南 あしのまきおんせんみなみ
湯野上温泉 ゆのかみおんせん
羽鳥湖 はとりこ
塔のへつり とうのへつり
五島 ごしま
と公園 とこうえん

郡山 こおりやま
安積永盛 あさかながもり
磐城守山 いわきもりやま
谷田川 やたがわ
小塩江 おじおえ
須賀川 すかがわ
川東 かわひがし
鏡石 かがみいし
泉郷 いずみごう
矢吹 やぶき
川辺沖 かわべおき
泉崎 いずみざき
野木沢 のぎさわ
久田野 くたの
磐城石川 いわきいしかわ
里白石 さとしらいし
磐城浅川 いわきあさかわ

磐越東線 ばんえつとうせん
大越 おおごえ
菅谷 すがや
神俣 かんまた
小野新町 おのにいまち
夏井 なつい
川前 かわまえ
江田 えだ

よのもり 夜ノ森
みおか 富岡
たつた 竜田
きど 木戸
ひろの 広野
すえつぎ 末続
久ノ浜 くのはま
四ツ倉 よっくら
常磐線 じょうばんせん

新白河 しんしらかわ
白河 しらかわ
白坂 しらさか
豊原 とよはら
黒田原 くろだはら
高久 たかく
黒磯 くろいそ

那須 なす
那須塩原 なすしおばら
西那須野 にしなすの
野崎 のざき
矢板 やいた

2019年4月
新的臨時站「J-VILLAGE 站」開通

おがわごう 小川郷
あかい 赤井
くさの 草野
いわき
内郷 うちごう
湯本 ゆもと
塩屋埼 しおやざき

福島縣

水郡線 すいぐんせん
磐城棚倉 いわきたなくら
中豊 なかとよ
近津 ちかつ
磐城塙 いわきはなわ
磐城石井 いわきいしい
南石井 みなみいしい
東館 ひがしだて
矢祭山 やまつりやま
下野宮 しものみや
常陸大子 ひたちだいご
袋田 ふくろだ
上小川 かみおがわ
西金 さいがね
下小川 しもおがわ
中舟生 なかふにゅう
山方宿 やまがたじゅく
野上原 のがみはら
玉川村 たまがわむら
常陸大宮 ひたちおおみや

泉 いずみ
植田 うえだ
なこそ 勿来
おおつこう 大津港
いそはら 磯原
みなみなかごう 南中郷
たかはぎ 高萩
じゅうおう 十王
おぎつ 小木津
ひたち 日立
ひたちた 常陸多賀
おおみか 大甕

太平洋 たいへいよう

鐵路便當：峠之釜飯（橫川站）

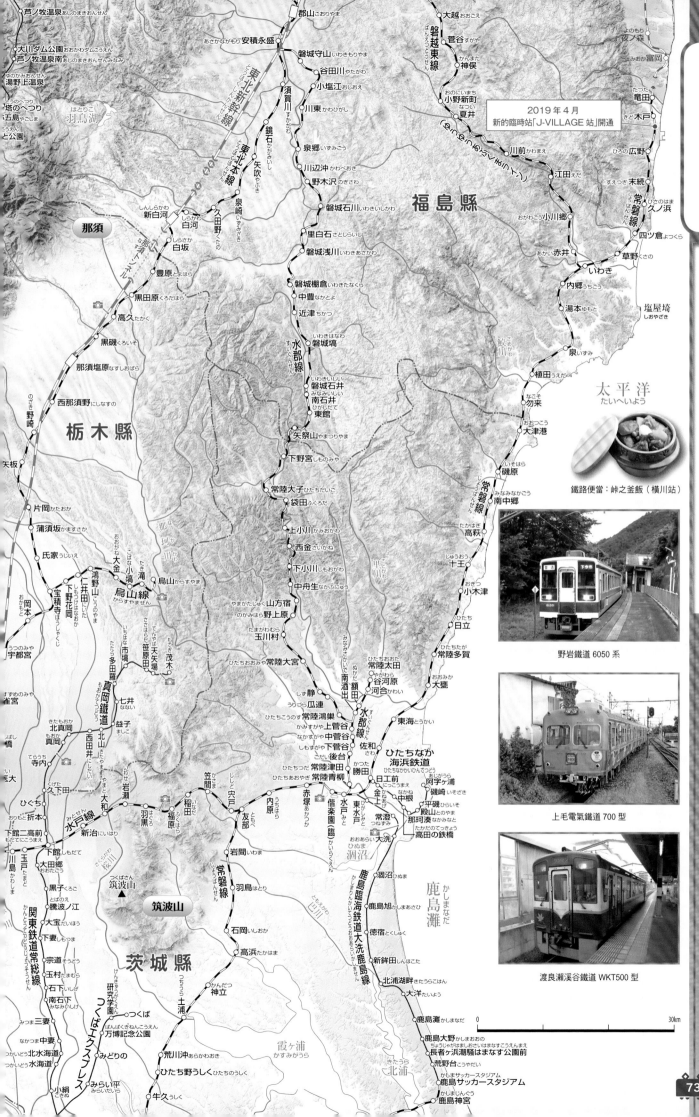
野岩鐵道 6050 系

栃木縣
片岡 かたおか
蒲須坂 かますさか
氏家 うじいえ
岡本 おかもと
宇都宮 うつのみや
雀宮 すずめのみや

大金 おおがね
小塙 こばな
宝積寺 ほうしゃくじ
下野花岡 しもつけはなおか
仁井田 にいた
烏山 からすやま
烏山線 からすやません
滝田 たきた
ささやまとう
もき天矢場
茂木 もてぎ
笹原田 ささはらだ
市塙 いちはな
七井 なない
益子 ましこ
多田羅 ただら
真岡鐵道 もおかてつどう
北真岡 きたもおか
真岡 もおか
西田井 にしだい
北山 きたやま
寺内 てらうち
久下田 くげた
折本 おりもと
下館二高前 しもだてにこうまえ
川島 かわしま
玉戸 たまと
大田郷 おおたごう
下館 しもだて
新治 にいはり

常陸太田 ひたちおおた
谷河原 やがわら
河合 かわい
額田 ぬかだ
常陸鴻巣 ひたちこうのす
上菅谷 かみすがや
中菅谷 なかすがや
下菅谷 しもすがや
後台 ごだい
瓜連 うりづら
静 しず
南酒出 みなみさかいで
佐和 さわ
東海 とうかい
勝田 かつた
ひたちなか海浜鉄道 ひたちなかかいひんてつどう
日工前 にっこうまえ
金上 かねあげ
中根 なかね
阿字ヶ浦 あじがうら
磯崎 いそざき
平磯 ひらいそ
殿山 とのやま
那珂湊 なかみなと
高田の鉄橋 たかだのてっきょう
常陸津田 ひたちつだ
常陸青柳 ひたちあおやぎ

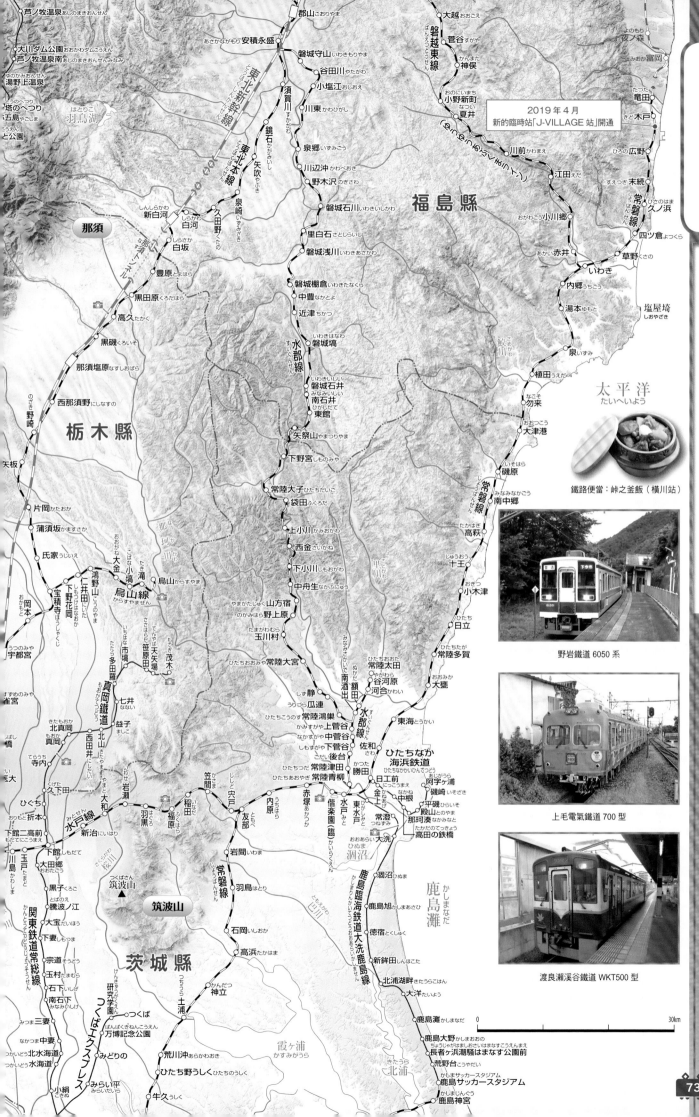
上毛電氣鐵道 700 型

水戸線 みとせん
岩瀬 いわせ
羽黒 はぐろ
稲田 いなだ
福原 ふくはら
笠間 かさま
宍戸 ししど
内原 うちはら
友部 ともべ
赤塚 あかつか
偕楽園（臨）かいらくえん
水戸 みと
東水戸 ひがしみと
常澄 つねずみ
那珂川 なかがわ
大洗 おおあらい
涸沼 ひぬま

岩間 いわま
羽鳥 はとり
笠川 かさがわ
石岡 いしおか
高浜 たかはま

常磐線 じょうばんせん
筑波山 つくばさん ▲

茨城縣

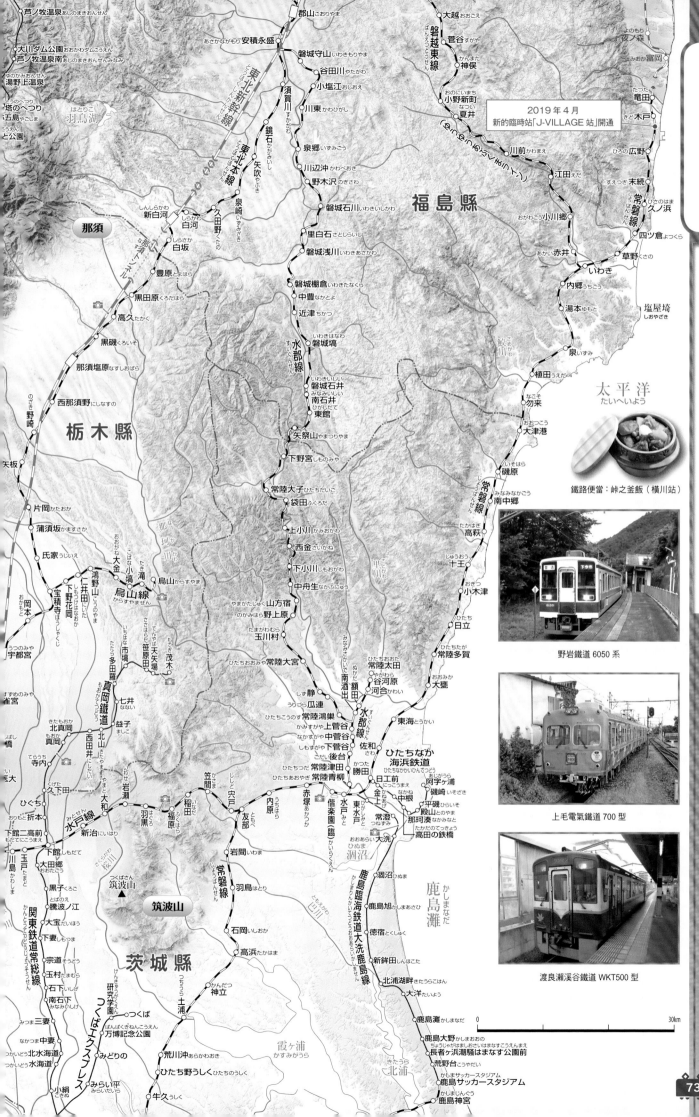
渡良瀬溪谷鐵道 WKT500 型

鹿島臨海鉄道大洗鹿島線 かしまりんかいてつどうおおあらいかしません
涸沼 ひぬま
鹿島灘 かしまなだ
鹿島旭 かしまあさひ
徳宿 とくしゅく
新鉾田 しんほこた
北浦湖畔 きたうらこはん
大洋 たいよう
鹿島灘 かしまなだ
鹿島大野 かしまおおの
長者ヶ浜潮騒はまなす公園前 ちょうじゃがはましおさいはまなすこうえんまえ
荒野台 こうやだい
鹿島サッカースタジアム かしまサッカースタジアム
鹿島神宮 かしまじんぐう

関東鉄道常総線 かんとうてつどうじょうそうせん
川島 かわしま
玉村 たまむら
宗道 そうどう
石下 いしげ
南石下 みなみいしげ
下妻 しもつま
大宝 だいほう
騰波ノ江 とばのえ
黒子 くろこ
みつみ 三妻
中妻 なかつま
つくばエクスプレス
北海道 きたかいどう
水海道 みつかいどう
研究学園 けんきゅうがくえん
万博記念公園 ばんぱくきねんこうえん
つくば
みどりの
みらい平 みらいだいら
小絹 こきぬ
牛久 うしく
ひたち野うしく ひたちのうしく
荒川沖 あらかわおき
土浦 つちうら
神立 かんだつ
霞ヶ浦 かすみがうら
北浦 きたうら

筑波山 つくばさん

鹿島灘 かしまなだ
鹿島神宮 かしまじんぐう

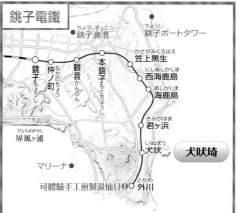

❶ 銚子電鐵的經營慘澹，結果因打造出「濕仙貝(上)」熱銷而得救。因此這次又發售了新產品「難吃棒(右)」。

銚子電鐵 3000 型

流鐵 5000 型「若葉號」

鐵路便當：雞肉便當（東京站等）

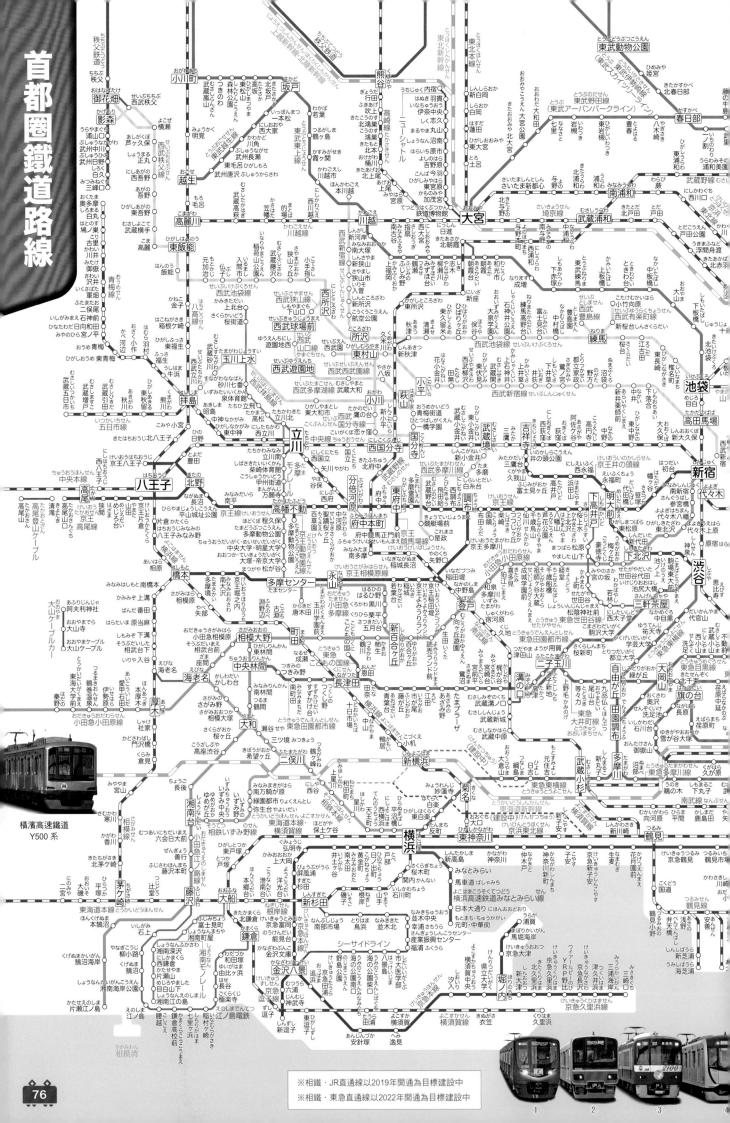

首都圏鐵道路線

横濱高速鐵道
Y500系

※相鐵・JR直通線以2019年開通為目標建設中
※相鐵・東急直通線以2022年開通為目標建設中

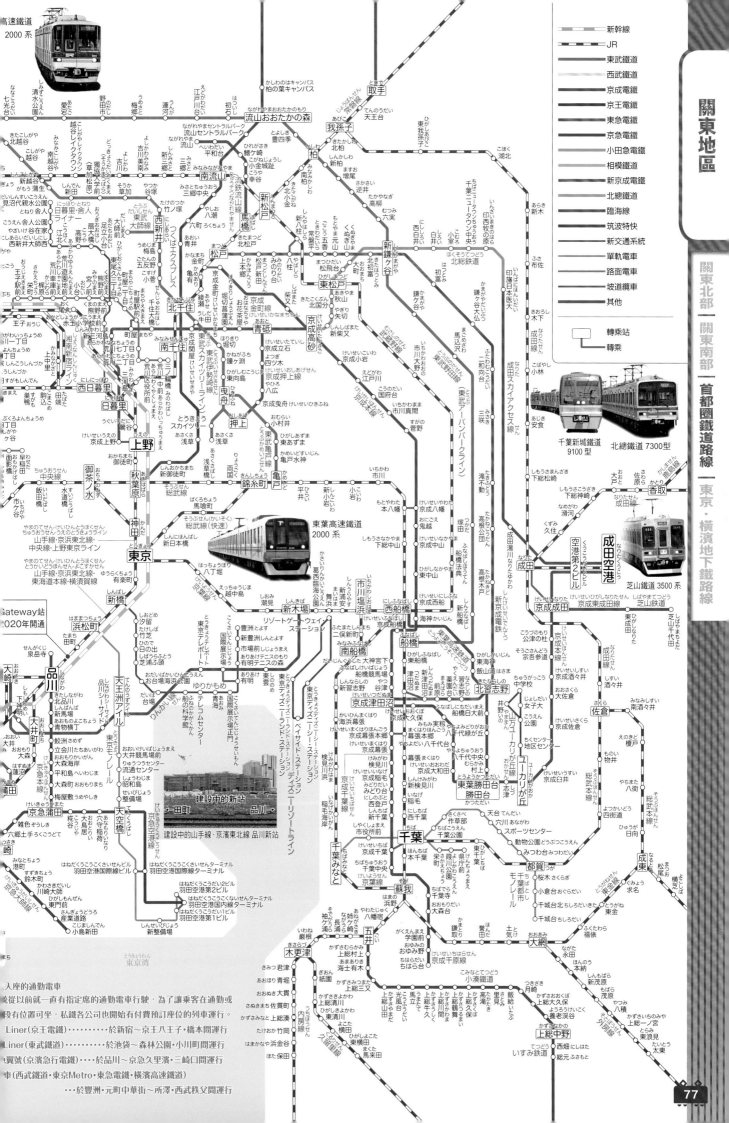

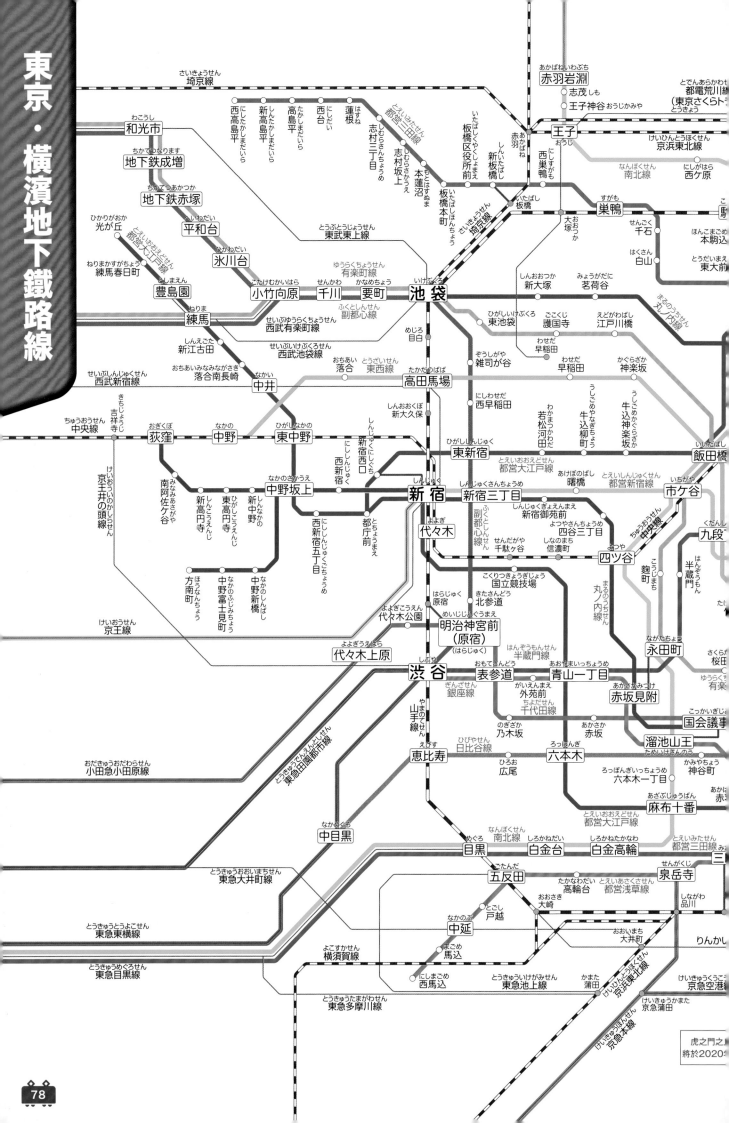

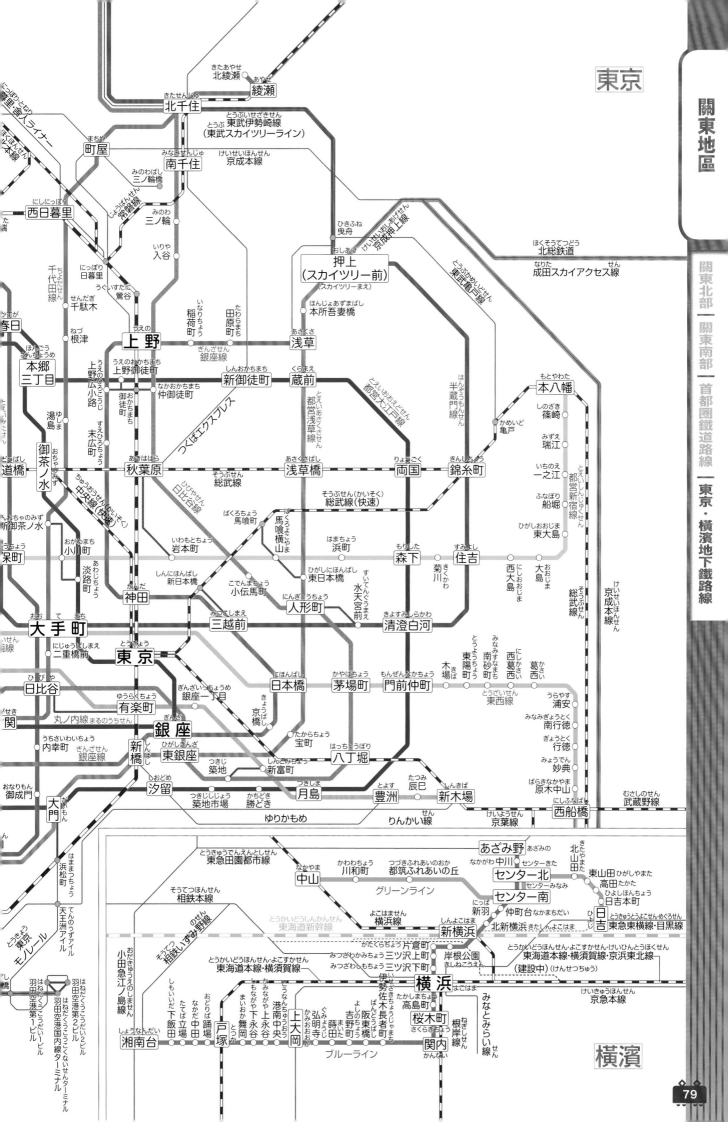

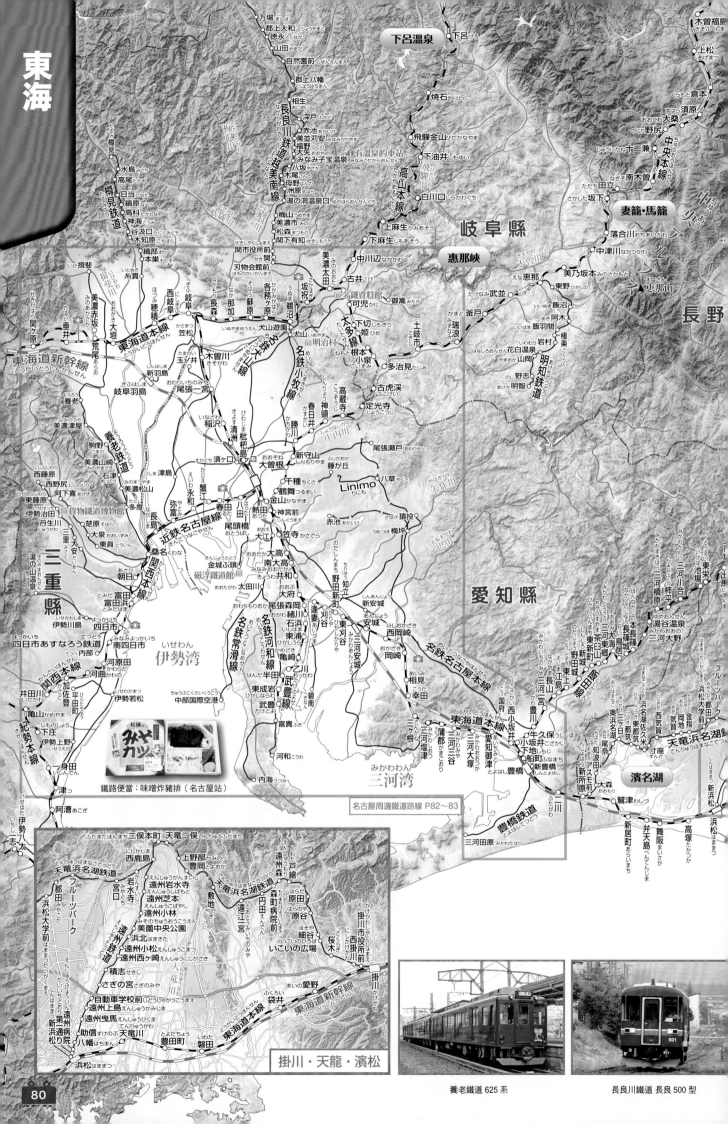

養老鐵道 625 系

長良川鐵道 長良 500 型

鐵路便當：鯛魚飯（靜岡站）

青波線 1000 型

愛知環狀鐵道 2000 系

東海交通事業城北線 KIHA11 型

伊勢鐵道 伊勢Ⅲ型

四日市明狀狹軌鐵道 KU115

富山・高岡周邊

榮町站已於 2019年3月開通

名鉄広見線 めいてつひろみせん
太多線 たいたせん
多治見 たじみ
中央本線 ちゅうおうほんせん
高蔵寺 こうぞうじ
ゆとりーとライン
名鉄瀬戸線 めいてつせとせん
勝川 かちがわ
瀬戸市 せとし

Linimo 東部丘陵線
八草 やくさ
愛知環状鉄道 あいかんじょうてつどう
藤が丘 ふじがおか
名城 めいじょう
東山線 ひがしやません
赤池 あかいけ
名鉄豊田線 めいてつとよたせん
梅坪 うめつぼ
豊田市 とよたし
上挙母 うわごろも

名古屋市營地下鐵

東山線	鶴舞線
名城線	櫻通線
名港線	上飯田線

知立 ちりゅう
新安城 しんあんじょう
刈谷 かりや
三河安城 みかわあんじょう
岡崎 おかざき
名鉄西尾線 めいてつにしおせん
名鉄三河線 めいてつみかわせん
碧南 へきなん
蒲郡 がまごおり
名鉄蒲郡線 めいてつがまごおりせん
国府 こう
名鉄豊川線 めいてつとよかわせん
豊橋 とよはし
豊橋鉄道東田本線 とよはしてつどうあずまだほんせん
豊橋鉄道渥美線 とよはしてつどうあつみせん

富山的路面電車

富山ライトレール富山港線 とやまライトレールとやまこうせん
富山駅 とやまえき
電鉄富山 でんてつとやま
富山地方鉄道 とやまちほうてつどう
富山軌道線 とやまきどうせん

高岡的路面電車

万葉線（新湊線）まんようせん（しんみなとせん）
万葉線（高岡軌道線） まんようせん（たかおかきどうせん）
氷見線 ひみせん
高岡駅 たかおかえき
高岡 たかおか
あいの風とやま鉄道 あいのかぜとやまてつどう
北陸新幹線 ほくりくしんかんせん

北陸

北鐵道浅野川線・北陸鐵道（右上図）

うちなだ 内灘
あわがさき粟ヶ崎
かがのみや蚊爪
おこばた大河端
みつや三ツ屋
わたしば割出
いそべ磯部
かみもろえ上諸江
ななつや七ツ屋
かなざわ金沢
北鉄金沢 ほくてつかなざわ

浅野川線
浅電 せんろ
森本 もりもと
東金沢 ひがしかなざわ

にしかなざわ 西金沢
野町 のまち
押野 おしの
野々市 ののいち
野々市工大前 のいちこうだいまえ
馬替 まかえ
額住宅前 ぬかじゅうたくまえ
乙丸 おとまる
四十万 しじま
本荘 ほんじょう
陽羽里 ひばり
曽谷 そだに
道法寺 どうほうじ
井口 いのくち
小柳 おやなぎ
日御子 ひのみこ
鶴来 つるぎ

石川線

北陸鉄道

ALPICO交通上高地線

ひといちば 一日市場
あずさばし 梓橋
しまだかまち 島高松
きたまつもと 北松本
まつもと 松本
まつもと松本城
しんむらい 新村
しもにいがわ 下新
みなみまつもと 南松本
平田 ひらた
北新村 きたにいむら
大庭 おおにわ
三溝 さみぞ
森口 もりぐち
波田 はた
下島 しもじま
渕東 えんどう
新島々 しんしまじま
村井 むらい
広丘 ひろおか

ALPICO交通上高地線

上田電鉄

にしうえだ 西上田
うえだ 上田
上田城跡
しなの鉄道
信濃国分寺 しなのこくぶんじ
城下 しろした
三好町 みよしちょう
赤坂上 あかさかうえ
上田原 うえだはら
寺下 てらした
神畑 かみばたけ
大学前 だいがくまえ
中塩田 なかしおだ
下之郷 しものごう
舞田 まいた
八木沢 やぎさわ
中野 なかの
塩田町 しおだまち
別所温泉 べっしょおんせん
上田電鉄別所線

上田電鉄

能登鉄道 NT200型

愛之風富山鐵道413系「富山繪巻」

福井鐵道 F1000型

越前鐵道・福井鐵道

みくにみなと 三国港
三国 みくに
三国神社 みくにじんじゃ
水居 みずい
あわら湯のまち
番田 ばんでん
三国芦原線 みくにあわらせん
芦原温泉 あわらおんせん
本荘 ほんじょう
大関 おおぜき
下兵庫 しもひょうご
丸岡 まるおか
西長田 にしながた
えちぜん鉄道
西春江 にしはるえ
太郎丸 たろうまる
鷲塚針原 わしづかはりばら
仁愛グランド前 じんあいグランドまえ
新田塚 しんでんづか
八ツ島 やつしま
日華化学前 にっかかがくまえ
大学西前 だいがくにしまえ
仁愛女子高校 じんあいじょしこうこう
市役所前 しやくしょまえ
足羽山公園口 あすわやまこうえんぐち
赤十字前 せきじゅうじまえ
商工会議所前 しょうこうかいぎしょまえ
ベル前 ベルまえ
江端 えばた
清明 せいめい
ハーモニーホール
泰澄の里 たいちょうのさと
三十八社 さんじゅうはっしゃ
鳥羽中 とばなか
神明 しんめい
水落 みずおち
西山公園 にしやまこうえん
西鯖江 にしさばえ
サンドーム西 さんどーむにし
家久 いえひさ
スポーツ公園 すぽーつこうえん
北府 きたご
越前武生 えちぜんたけふ
武生 たけふ
鯖江 さばえ

福大前西福井 ふくだいまえにしふくい
市役所前
新福井 しんふくい
福井駅 ふくいえき
福井 ふくい
越前花堂 えちぜんはなんどう
六条 ろくじょう
大土呂 おおどろ
足羽 あすわ
北鯖江 きたさばえ

越前鉄道
三国芦原線
福井鉄道
武生新線

足羽山公園線

越前鉄道・福井鐵道

北陸本線
えちぜん鉄道
永平寺口 えいへいじぐち
観音町 かんのんまち
松岡 まつおか
春江 はるえ
森田 もりた
越前島橋 えちぜんしまばし
東藤島 ひがしふじしま
追分口 おいわけぐち
越前新保 えちぜんしんぼ
越前開発 えちぜんかいほつ
越前島橋
光明寺 こうみょうじ
下志比 しもしい
志比堺 しいさかい
永平寺 えいへいじ
勝山永平寺線 かつやまえいへいじせん
越美北線（九頭竜線）えちみほくせん
越前高田 えちぜんたかだ
一乗谷 いちじょうだに
越前東郷 えちぜんとうごう
市波 いちなみ
小和清水 こわしょうず
越前高田
足羽 あすわ

地図本体（右）

能登半島 のとはんとう

あなみず 穴水
のとかしま 能登鹿島
にしぎし 西岸
のとなかじま 能登中島
のとのとうら 能登島
のと鉄道 のとてつどう
和倉温泉 わくらおんせん
かさしま 笠師保
たつるはま 田鶴浜
七尾 ななお
徳田 とくだ
のとみや 能登二宮
よしわら 良川
のとのとべ 能登部
かねまる 金丸
ちじ 千路
はくい 羽咋
みなみはくい 南羽咋
しきなみ 敷浪
ほうだつ 宝達
めんでん 免田
たかまつ 高松
よこやま 横山
うのけ 宇野気
のせ 能瀬
ほんばた 本津幡
つばた 津幡
七尾線 ななおせん

鐵路便當：鱒魚壽司
（富山站等）

和倉温泉

金澤

IRいしかわ鉄道
（金沢～倶利伽羅）
かなざわ くりから

内灘 うちなだ
森本 もりもと
東金沢 ひがしかなざわ
にしかなざわ 西金沢
野町 のまち
新西金沢 しんにしかなざわ
野々市 ののいち
松任 まっとう
加賀笠間 かがかさま
美川 みかわ
小舞子 こまいこ
能美根上 のみねあがり
明峰 めいほう
小松 こまつ
粟津 あわづ
動橋 いぶりはし
加賀温泉 かがおんせん
大聖寺 だいしょうじ
牛ノ谷 うしのや
細呂木 ほそろぎ

東尋坊

加賀温泉郷

くりから 倶利伽羅
中津幡 なかつばた
石動 いするぎ
福岡 ふくおか
西高岡 にしたかおか
高岡 たかおか
新高岡 しんたかおか
戸出 といで
油田 あぶらでん
東野尻 ひがしのじり
高儀 たかぎ
福野 ふくの
東石黒 ひがしいしぐろ
福光 ふくみつ
越中山田 えっちゅうやまだ
城端 じょうはな
城端線 じょうはなせん

北陸本線
北陸鐵道
鶴来 つるぎ

富山湾 とやまわん
越中大門 えっちゅうだいもん
越中中川
神通川 じんづうがわ
富山 とやま
呉羽 くれは
小杉 こすぎ
西富山 にしとやま
稲荷町 いなりまち
寺田 てらだ
西魚津 にしうおづ
みずはし 水橋
東富山 ひがしとやま
富山地方鉄道
速星 はやほし
千里 ちさと
笹津 ささづ
楡原 にれはら
猪谷 いのたに
杉原 すぎはら
打保 うっぼ
坂上 さかがみ
角川 つのがわ
飛騨細江 ひだほそえ
杉崎 すぎさき
飛騨古川 ひだふるかわ
飛騨国府 ひだこくふ
上枝 ほずえ
高山 たかやま
高山本線

富山縣

白川郷

石川縣

白川郷

飛騨一ノ宮 ひだいちのみや
久々野 くぐの
渚 なぎさ
飛騨小坂 ひだおさか
飛騨宮田 ひだみやだ
上呂 じょうろ
禅昌寺 ぜんしょうじ
飛騨萩原 ひだはぎわら

御母衣湖 みぼろこ
白山 はくさん

岐阜縣

長良川鉄道越美南線 ながらがわてつどうえつみなんせん
北濃 ほくのう
白鳥高原 しろとりこうげん

下部地図

越前鉄道・福井鐵道
三国港 みくにみなと
丸岡 まるおか
春江 はるえ
森田 もりた
田原町 たわらまち
福井 ふくい
越前花堂 えちぜんはなんどう
大土呂 おおどろ
足羽 あすわ
北鯖江 きたさばえ
鯖江 さばえ
武生 たけふ
王子保 おうしお

芦原温泉 あわらおんせん

福井縣

越美北線（九頭竜線）えちみほくせん
勝山 かつやま
越前大野 えちぜんおおの
九頭竜湖 くずりゅうこ

0　30km

信濃鐵道 115系

鐵路便當：信州寺町便當（長野站）

越後心動鐵道 ET122系

長野電鐵

京都丹後鐵道 KTR800 型

0　　　　　　20km

鐵路便當：烤鯖魚壽司（敦賀站）

經ヶ岬　きょうがみさき

丹後半島　たんごはんとう

城崎溫泉

夕日ヶ浦木津溫泉　ゆうひがうらきつおんせん

天橋立

網野　あみの　みねやま　峰山

京都丹後大宮　きょうたんごおおみや
京都丹後鐵道宮豊線

小天橋　しょうてんきょう
久美浜　くみはま

かぶと山　こうのとりのさと
コウノトリの郷

竹野　たけの
城崎温泉　きのさきおんせん
有温泉的車站

芦谷トンネル　あしやトンネル

浜坂　はまさか　餘部　あまるべ
諸寄　もろよせ
居組　いぐみ
東浜　ひがしはま
岩美　いわみ
大岩　おおいわ
福部　ふくべ

久谷　くたに
桃観本線　山陰本線　さんいんほんせん

佐津　さつ
香住　かすみ
柴山　しばやま
佐古峠トンネル
花見峠トンネル

竹野トンネル

玄武洞　げんぶどう

豊岡　とよおか

神鍋高原

国府　こくふ
江原　えばら
山陰本線　さんいんほんせん
八鹿　ようか

鳥取縣

鳥取大学前　とっとりだいがくまえ
湖山　こやま
鳥取　とっとり
津ノ井　つのい
東郡家　ひがしこおげ
郡家　こおげ
河原　かわはら
国英　くにふさ
鷹狩　たかがり
用瀬　もちがせ

八頭高校前　やずこうこうまえ
隼　はやぶさ
安部　あべ
八東　はっとう
丹比　たんぴ

因幡船岡　いなばふなおか
若桜鉄道　わかさてつどう
徳丸　とくまる
若桜　わかさ

鉢高原

氷ノ山（須賀ノ山）　ひょうのせん（すがのせん）

兵庫縣

因幡社　いなばやしろ
智頭　ちず
土師　はじ
那岐　なぎ

恋山形　こいやまがた
山郷　やまさと
志戸坂トンネル　しとさかトンネル
あわくら温泉
西粟倉　にしあわくら

智頭急行　ちずきゅうこう

大原　おおはら
宮本武蔵　みやもとむさし

石井　いしい
平福　ひらふく

楢原　ならはら
美作江見　みまさかえみ
佐用　さよ
播磨徳久　はりまとくさ
三日月　みかづき

上月　こうづき
久崎　くざき
国見トンネル　くにみトンネル
河野原円心　こうのはらえんしん

苔縄　こけなわ
上郡　かみごおり

吉永　よしなが
三石　みついし

菅生湖　すがおいこ

養父　やぶ
和田山　わだやま
竹田　たけだ
青倉　あおくら
新井　にい
梁瀬　やなせ
上夜久野　かみやくの
下夜久野　しもやくの

生野　いくの
長谷　はせ
寺前　てらまえ
新野　にいの
鶴居　つるい
甘地　あまじ
福崎　ふくさき

播但線　ばんたんせん

溝口　みぞぐち
香呂　こうろ
北条町　ほうじょうまち
播磨横田　はりまよこた
播磨下里　はりましもさと
法華口　ほっけぐち
田原　たはら

西粟栖　にしくりす
千本　せんぼん
播磨新宮　はりましんぐう
東觜崎　ひがしはしさき
本竜野　ほんたつの
竜野　たつの
太市　おおいち
余部　よべ
播磨高岡　はりまたかおか
山陽姫路　さんようひめじ
手柄　てがら
姫路　ひめじ
東姫路　ひがしひめじ
御着　ごちゃく
ひめじ別所
曽根　そね

姫新線　きしんせん

有年　うね
相生　あいおい
西相生　にしあいおい
坂越　さこし
播州赤穂　ばんしゅうあこう

備前片上　びぜんかたかみ
伊里　いり
日生　ひなせ
寒河　かんが
備前福河　びぜんふくかわ
西片上　にしかたかみ

赤穂線　あこうせん
山陽新幹線　さんようしんかんせん

赤穂　あこう
天和　てんわ
播磨赤穂

播磨灘　はりまなだ

家島諸島　いえしましょとう

鐵路便當：蛸壺章魚飯（神戸站等）

円山川　まるやまがわ

加悦 SL 公園前　かやSLこうえんまえ

栗田　くんだ
宮津　みやづ
宮村　みやむら
喜多　きた

普甲トンネル　ふこうトンネル
大江山口内宮　おおえやまぐちないく
二俣　ふたまた
大江高校前　おおえこうこうまえ
大江　おおえ
公庄　ぐじょう
下天津　しもあまづ

下天津トンネル
荒河かしの木台　あらがかしのきだい
福知山市民病院口
石原　いさ
高津　たかつ
福知山　ふくちやま
綾部　あやべ

牧　まき

上川口　かみかわぐち

丹波竹田　たんばたけだ
市島　いちじま
黒井　くろい
石生　いそう
柏原　かいばら

福知山線　ふくちやません

谷川　たにかわ
下滝　しもたき
丹波大山　たんばおおやま
篠山口　ささやまぐち
南矢代　みなみやしろ
古市　ふるいち

船町口　ふなまちぐち
本黒田　ほんくろだ
黒田庄　くろだしょう
日本へそ公園　にほんへそこうえん
比延　ひえ
新西脇　しんにしわき
西脇市　にしわきし
滝　たき
滝野　たきの
社町　やしろちょう
青野ヶ原　あおのがはら
粟生　あお
河合西　かわいにし
葉多　はた
網引　あびき
小野　おの
樫山　かしやま
市場　いちば
小野町　おのまち
三木上の丸　みきうえのまる
大村　おおむら
恵比須　えびす
三木　みき

北条鉄道　ほうじょうてつどう

福知山線　ふくちやません
草野　くさの
藍本　あいもと
相野　あいの
広野　ひろの
三田　さんだ
新三田　しんさんだ
ウッディタウン中央　ウッディタウンちゅうおう
南ウッディタウン　みなみウッディタウン
フラワータウン
横山　よこやま
三田本町　さんだほんまち

神戸電鉄　こうべでんてつ

神鉄道場　しんてつどうじょう
道場南口　どうじょうみなみぐち
二郎　にろう
田尾寺　たおじ
岡場　おかば
五社　ごしゃ
有馬口　ありまぐち

有馬

有馬温泉　ありまおんせん

鈴蘭台　すずらんだい
藍那　あいな
新神戸　しんこうべ

三木鉄道　みきてつどう
厄神　やくじん
神野　かみの
日岡　ひおか
加古川　かこがわ
東加古川　ひがしかこがわ
宝殿　ほうでん
曽根　そね
ひめじ別所
御着

緑が丘　みどりがおか
広野ゴルフ場前
栄　さかえ
押部谷　おしべだに
木幡　こばた
木津　きづ
西神中央　せいしんちゅうおう

住吉　すみよし
御影　みかげ
六甲　ろっこう
灘　なだ
三ノ宮　さんのみや
元町　もとまち
神戸　こうべ
和田岬　わだみさき
兵庫　ひょうご

山陽電鉄　さんようでんてつ

大久保　おおくぼ
魚住　うおずみ
土山　つちやま
東二見　ひがしふたみ
西二見　にしふたみ
播磨町　はりまちょう
別府　べふ
尾上の松　おのえのまつ
浜の宮　はまのみや
高砂　たかさご
荒井　あらい
伊保　いほ
山陽曽根　さんようそね

明石　あかし
西明石　にしあかし
大蔵谷　おおくらだに
人丸前　ひとまるまえ
中八木　なかやぎ
藤江　ふじえ
山陽魚住　さんよううおずみ
東二見
林崎松江海岸　はやしさきまつえかいがん
朝霧　あさぎり
舞子　まいこ
垂水　たるみ
塩屋　しおや
須磨　すま
須磨海浜公園　すまかいひんこうえん

山陽本線　さんようほんせん

舞子公園　まいここうえん
西舞子　にしまいこ
霞ヶ丘　かすみがおか
山陽明石　さんようあかし
西二見
東二見

鈴蘭台
六甲道　ろっこうみち
新長田　しんながた
兵庫
神戸空港　こうべくうこう
マリンパーク
摩耶　まや
大開　だいかい

大阪

伊賀鐵道 200 系

信樂高原鐵道 SKR400 型

關西鐵道路線 P90～91

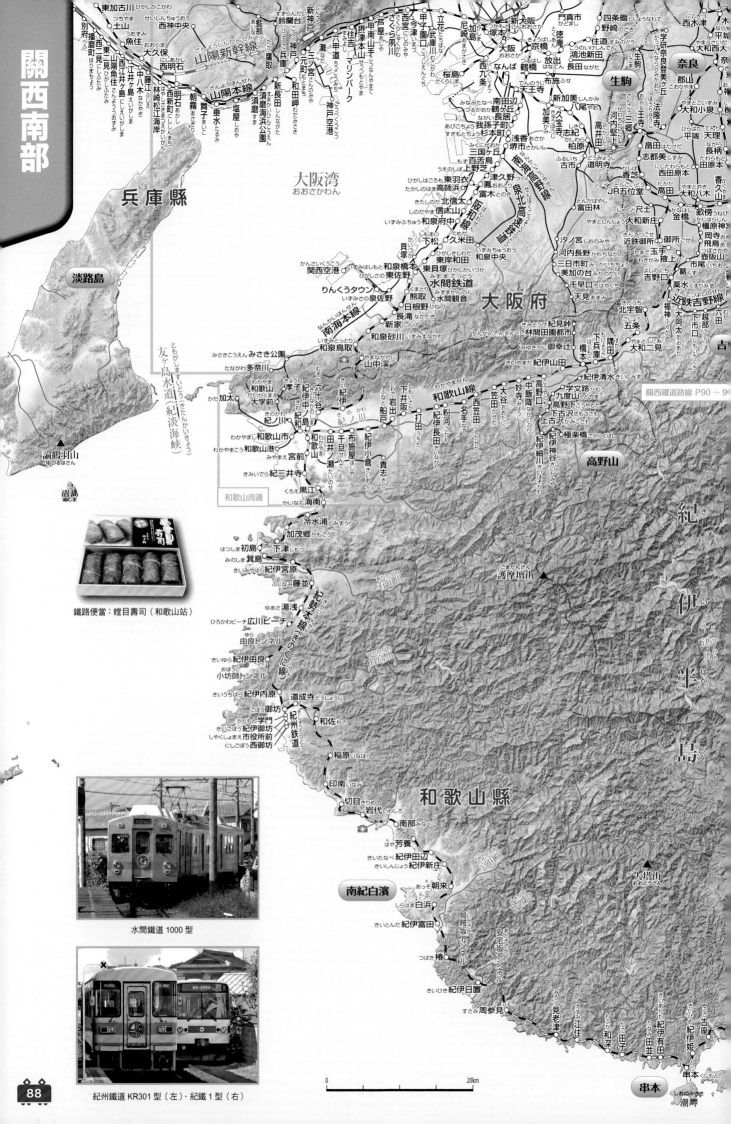

鐵路便當：瞪目壽司（和歌山站）

水間鐵道 1000 型

紀州鐵道 KR301 型（左）・紀鐵 1 型（右）

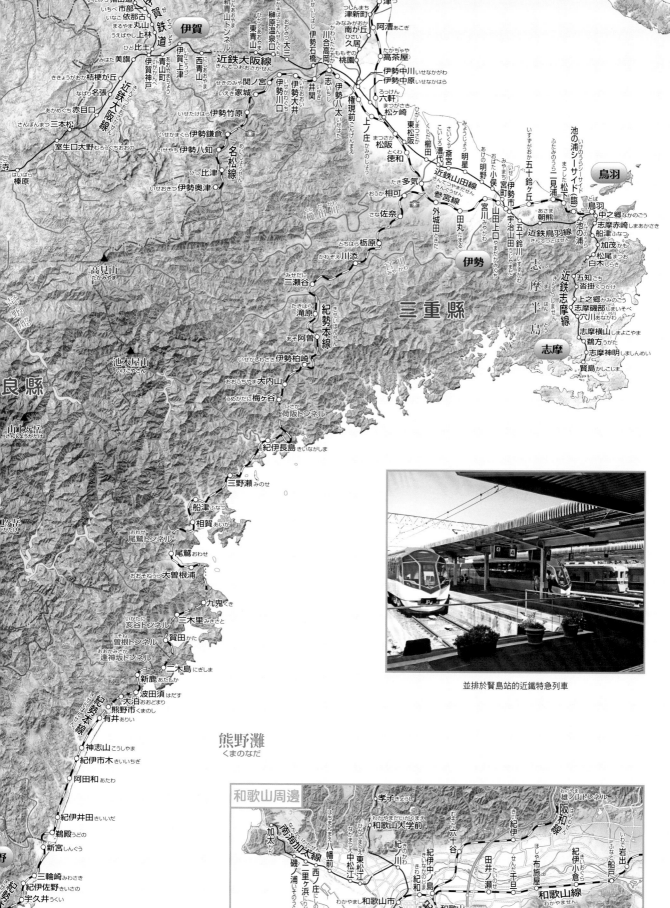

三重縣

良縣

伊賀

伊勢

志摩

近鐵志摩線

志摩半島

鳥羽

熊野灘
くまのなだ

紀勢本線

伊賀鐵道

近鐵大阪線

名松線

參宮線

近鐵山田線

勝浦

並排於賢島站的近鐵特急列車

和歌山周邊

紀勢本線

南海加太線

和歌山線

阪和線

和歌山電鐵貴志川線

和歌浦湾

能勢電鐵
1700系

北神急行 7000 系

加古川線
かこがわせん

かいばら 柏原
福知山線
ふくちやません

谷川
たにがわ

丹波竹田 たんばたけだ
下滝 しもたき
久下村 くげむら
船町 ふなまち
本黒田 ほんくろだ
日本へそ公園 にほんへそこうえん
黒田庄 くろだしょう

滝野 たきの
滝 たき
西脇市 にしわきし
新西脇 しんにしわき
比延 ひえ
黒田庄 くろだしょう

南矢代 みなみやしろ
古市 ふるいち
篠山口 ささやまぐち
丹波大山 たんばおおやま

草野 くさの
藍本 あいもと
相野 あいの
広野 ひろの
新三田 しんさんだ

福知山線（JR宝塚線）
（ジェイアールたからづかせん）

三田 さんだ

みょうけん 妙見の森ケーブル
ケーブルさんじょう ケーブル山上

日吉 ひよし
船岡 ふなおか
園部 そのべ

山陰（嵯峨野）線
さんいんせん
吉富 よしとみ
八木 やぎ
千代川 ちよがわ

妙見口 みょうけんぐち
黒川 くろかわ
ときわ台 ときわだい
光風台 こうふうだい
笹部 ささべ

山下 やました

神戸電鉄公園都市線
こうべでんてつこうえんとしせん
ウッディタウン中央
南ウッディタウン
フラワータウン

神鉄道場 しんてつどうじょう
道場南口 どうじょうみなみぐち
二郎 にろう
田尾寺 たおじ
岡場 おかば
五社 ごしゃ

神戸電鉄三田線
こうべでんてつさんだせん

三田本町 さんだほんまち
武田尾 たけだお
西宮名塩 にしのみやなじお
生瀬 なまぜ
清荒神 きよしこうじん
中山観音 なかやまかんのん

宝塚 たからづか

能勢電鉄日生線
川西能勢口 かわにしのせぐち
日生中央 にっせいちゅうおう
一の鳥居 いちのとりい
平野 ひらの
多田 ただ
鼓滝 つづみがたき
鶯の森 うぐいすのもり
滝山 たきやま
絹延橋 きぬのべばし

箕面 みのお
牧落 まきおち
桜井 さくらい
石橋 いしばし
池田 いけだ

川西池田 かわにしいけだ
雲雀丘花屋敷 ひばりがおかはなやしき
山本 やまもと

宝塚南口 たからづかみなみぐち
逆瀬川 さかせがわ
小林 おばやし
仁川 にがわ
甲東園 こうとうえん

阪急宝塚線
はんきゅうたからづかせん

横山 よこやま

川西能勢口 かわにしのせぐち

蛍池 ほたるがいけ
千里中央 せんりちゅうおう
北大阪急行 きたおおさかきゅうこう
大阪空港 おおさかくうこう

豊中 とよなか
岡町 おかまち
緑地公園 りょくちこうえん
服部天神 はっとりてんじん
曽根 そね

新大阪 しんおおさか
東淘川 ひがしよどがわ
三国 みくに
十三 じゅうそう

谷上 たにがみ
北神急行
きたしんきゅうこう

鈴蘭台 すずらんだい
鈴蘭台西口 すずらんだいにしぐち

花山 はなやま
大池 おおいけ
花山 はなやま
二郎

北鈴蘭台 きたすずらんだい
山の街 やまのまち
箕谷 みのたに
谷上 たにがみ

神鉄六甲 しんてつろっこう
唐櫃台 からとだい
有馬口 ありまぐち
有馬温泉 ありまおんせん

六甲ケーブル
摩耶ケーブル
六甲ケーブル下
六甲ケーブル上
虹の駅
摩耶ケーブル

新神戸 しんこうべ
阪急神戸線 はんきゅうこうべせん

阪急甲陽線
甲陽園 こうようえん
苦楽園口 くらくえんぐち
夙川 しゅくがわ
門戸厄神 もんどやくじん
西宮北口 にしのみやきたぐち
塚口 つかぐち
武庫之荘 むこのそう

高速神戸
新開地
兵庫
西代

三ノ宮
神戸三宮・三宮
元町

東海道本線（JR神戸線）
とうかいどうほんせん（ジェイアールこうべせん）

住吉
六甲道
摂津本山
甲子園口
尼崎

阪神国道
阪神本線

大阪

梅田
福島
北新地

JR東西線 ジェイアールとうざいせん
新福島 しんふくしま
海老江 えびえ
御幣島 みてじま
加島 かしま
尼崎 あまがさき

京阪中之島線
中之島（大阪国際会議場）
なにわばし 難波橋

ユニバーサルシティ
桜島
JRゆめ咲線
安治川口
西九条
九条

大正
弁天町
ドーム前

なんば
大阪難波
今宮
新今宮
天王寺

関西空港
かんさいくうこう
南海空港線
なんかいくうこうせん
りんくうタウン
泉佐野
いずみさの

南海本線
なんかいほんせん

日根野 ひねの
関西空港線
かんくうせん

みさき公園
深日港 ふけこう
孝子 きょうし
和歌山大学前
（ふじとだい）

南海多奈川線
なんかいたながわせん
深日町 ふけちょう
多奈川 たながわ

羽衣 はごろも
鳳 おおとり

阪堺電気軌道 はんかいでんききどう
住吉
住吉大社

岸里玉出
きしのさとたまで

三国ヶ丘
みくにがおか
中百舌鳥
なかもず

泉北高速鉄道
せんぼくこうそくてつどう
光明池 こうみょうち
和泉中央 いずみちゅうおう

※JR大阪東線（新大阪站～放出站）已於2019年3月開通
※位於JR嵯峨野線的京都站～丹波口站之間的新站「梅小路京都西站」已於
2019年3月開通（成為離京都鐵道博物館最近的車站）

嵯峨野觀光鐵道
DE10型

嵐電 MOBO2001型

圖例

新幹線	
JR	
近鐵	
阪急電鐵	
阪神電鐵	
京阪電鐵	
南海電鐵	
山陽電鐵	
能勢電鐵	
神戶電鐵	
新交通系統	
單軌電車	
路面電車・小火車	
坡道纜車	
其他	

轉乘站
轉乘

大阪

きたせんり
北千里

おおさかくうこう
大阪空港

おおさか　　　ほんせん
大阪モノレール本線

せんりちゅうおう
千里中央

やまだ
山田

とうかいどうほんせん（ジェイアールきょうせん）
東海道本線（JR 京都線）

いたかの
井高野

はんきゅうたからづかせん
阪急宝塚線

きたおおさかきゅうこう
北大阪急行

はんきゅうせんりせん
阪急千里線

はんきゅうきょうとせん
阪急京都線

みなみ
南茨

さんようしんかんせん
山陽新幹線

えさか
江坂

ひがしみくに
東三国

すいこうよんちょうめ
瑞光四丁目

だいどうとよさと
だいどう豊里

はんきゅうこうべせん
阪急神戸線

しんおおさか
新大阪

とうかいどうしんかんせん
東海道新幹線

たいしばし
太子橋

えびえ
海老江

のだ
野田

とうかいどうほんせん（ジェイアールこうべせん）
東海道本線（JR 神戸線）

にしなかじまみなみがた
西中島南方

みなみかた
南方

あわじ
淡路

おおさか東線（建設中）

せんばやしおおみや
千林大宮

しん
新

のだはんしん
野田阪神

はんしんほんせん
阪神本線

じゅうそう
十三

なかつ中津

せきめたかどの
関目高殿

せきめせい
関目成育

なかざきちょう
中崎町

おおさかおおさか
大阪 おおさか

うめだ
梅 田

ひがしうめだ
東梅田

おうぎまち
扇町

みやこじま
都島

のえうちんだい
野江内代

せきめ
関目

がもうよんちょうめ
蒲生四丁目

ジェイアールとうざいせん
JR 東西線

にしうめだ
西梅田

みなみもりまち
南森町

きょうばし
京橋

しぎの
鴫野

けいはんなかのしません
京阪中之島線

のだ
野田

たまがわ
玉川

なかのしま
中之島

ひごばし
肥後橋

よどやばし
淀屋橋

きたはま
北浜

てんまばし
天満橋

おおさかビジネスパーク
大阪ビジネスパーク

もりのみや
森ノ宮

みと
総

はんしんなんばせん
阪神なんば線

あわざ
阿波座

にしくじょう
西九条

くじょう
九条

ちゅうおうせん
中央線

ほんまち
本 町

さかいすじほんまち
堺筋本町

たにまちよんちょうめ
谷町四目

なかのしま
中之島

せんにちまえせん
千日前線

ながほりつるみりょくちせん
長堀鶴見緑地線

にしおおはし
西大橋

ひごばし
肥後橋

しんさいばし
心斎橋

ながほりばし
長堀橋

たにまちろくちょうめ
谷町六丁目

たまつくり
玉造

さくらじません（ジェイアールゆめさきせん）
桜島線（JRゆめ咲線）

おおさかかんじょうせん
大阪環状線

にしながほり
西長堀

よつばし
四ツ橋

さかいすじせん
堺筋線

まつやまち
松屋町

みどうすじせん
御堂筋線

よつばしせん
四つ橋線

たにまちせん
谷町線

おおさかかんじょうせん
大阪環状線

べんてんちょう
弁天町

ドームまえちよざき
ドーム前千代崎

ドームまえ
ドーム前

さくらがわ
桜川

しおみばし
汐見橋

なんば
なんば

にっぽんばし
日本橋

たにまちきゅうちょうめ
谷町九丁目

つるはし
鶴橋

きんてつおおさか
近鉄大阪

たいしょう
大正

ジェイアールなんば
JR難波

おおさかなんば
大阪難波

きんてつにっぽんばし
近鉄日本橋

おおさかうえほんまち おおさかうえほんまち
大阪上本町

あさしおばし
朝潮橋

だいこくちょう
大国町

えびすちょう
恵美須町

してんのうじまえゆうひがおか
四天王寺前夕陽ケ丘

てんのうじ
天王寺

おおさかこう
大阪港

おおさかかんじょうせん
大阪環状線

どうぶつえんまえ
動物園前

あべの
阿倍野

きんてつみなみおおさかせん
近鉄南大阪線

コスモスクエア

なんかいゆみばしせん
南海夕見橋線

はなぞのちょう
花園町

きしのさと
岸里

てんがちゃや
天下茶屋

はんかいでんきききどううえまちせん
阪堺電気軌道上町線

ふみのさと
文の里

こま
駒

たまで
玉出

きたかがや
北加賀屋

よつばしせん
四つ橋線

しょうわちょう
昭和町

にしたなべ
西田辺

たなべ
田辺

すみのえこうえん
住之江公園

ながい
長居

はんわせん
阪和線

なんこうポートタウンせん
南港ポートタウン線
（ニュートラム）

はんかいでんきききどうはんかいせん
阪堺電気軌道阪堺線

なんかいこうやせん
南海高野線

みどうすじせん
御堂筋線

あびこ

きたはなだ
北花田

なんかいほんせん
南海本線

しんかなおか
新金岡

なかもず（中百舌鳥）

せんぼくこうそくてつどうせん
泉北高速鉄道線

※JR大阪東線（新大阪站～放出站）已於2019年3月開通

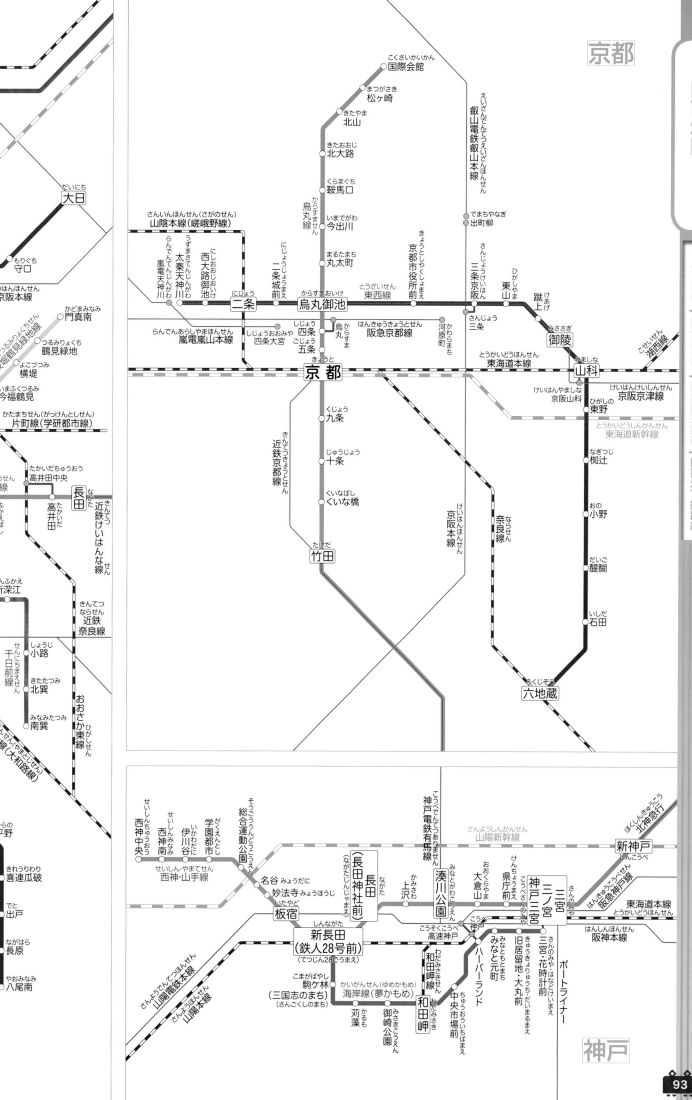

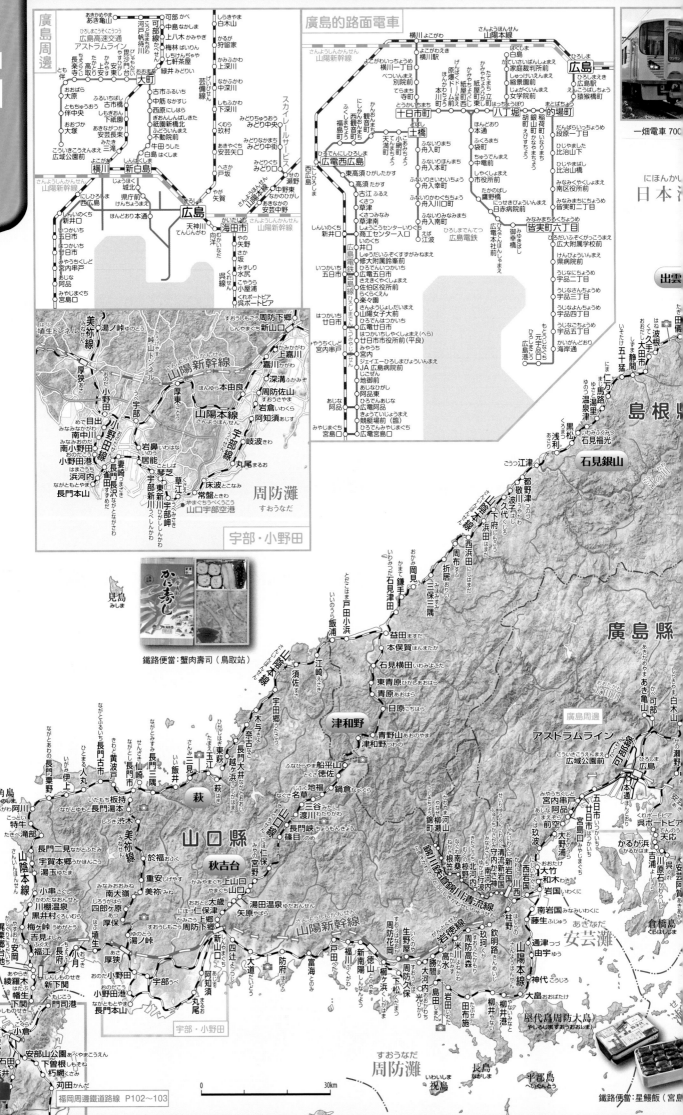

廣島周邊

廣島的路面電車

一畑電車 700

宇部・小野田

鐵路便當：蟹肉壽司（鳥取站）

周防灘

山口縣

秋吉台

萩

津和野

石見銀山

島根縣

廣島縣

廣島周邊

安芸灘

周防灘

福岡周邊鐵道路線 P102～103

0　　　　　30km

鐵路便當：星鰻飯（宮島）

中國・四國地區

日本海 にほんかい

宍道湖 しんじこ

一畑電車

松江フォーゲルパーク
松江しんじ湖温泉
湖遊館新駅前
松江イングリッシュガーデン前
秋鹿町 あいかまち
朝日ヶ丘
伊野灘 いのなだ
高ノ宮
津ノ森
一畑口
北松江線
松江 まつえ
東松江
乃木 のぎ
来待 きまち
玉造温泉
荘原 しょうばら
南宍道 みなみしんじ
木次線
宍道 しんじ
山陰本線 さんいんほんせん
出雲市 いずもし
電鉄出雲市
出雲科学パークタウン前
直江 なおえ
武志 たけし
大津町 おおつまち
出雲大社前
浜山公園北口
出雲大社
大社線 たいしゃせん
川跡 かわと
高浜
遥堪 ようかん
美談 みだみ
一畑口

境港 さかいみなと
境線 さかいせん
米子空港
東松江 ひがしまつえ
中海 なかうみ
馬場崎町
上道 あがりみち
余子 あまりこ
高松町
中浜 なかはま
弓ヶ浜
河崎口
三本松口
後藤 ごとう
富士見町
米子 よなご
博労町 ばくろうまち
境港
境漁港

井原鐵道 IRT355 型

鳥取大学前
末恒 すえつね
宝木 ほうぎ
浜村 はまむら
青谷 あおや
泊 とまり
松崎 まつざき
倉吉 くらよし
下北条 しもほうじょう
由良 ゆら
八橋 やばせ
浦安 うらやす
赤碕 あかさき
下市 しもいち
中山口
御来屋 みくりや
名和 なわ
大山口 だいせんぐち
淀江 よどえ
伯耆大山 ほうきだいせん
米子
安来 やすぎ
荒島 あらしま
揖屋 いや

湖山 こやま
鳥取 とっとり
津ノ井 つのい
東郡家 ひがしこおげ
郡家 こおげ
河原 かわはら
国英 くにふさ
用瀬 もちがせ
因幡社 いなばやしろ
智頭 ちず
因美線 いんびせん
美作河井
知和 ちわ
美作加茂
三浦 みうら
美作千代
坪井 つぼい
津山口
津山 つやま
佐良山
院庄 いんのしょう
亀甲 かめのこう
小原 こばら
誕生寺
弓削 ゆげ
神目 こうめ
福渡 ふくわたり
建部 たけべ
金川 かながわ
野々口 ののくち
玉柏 たまがし
法界院 ほうかいいん

鳥取縣

岩美 いわみ
福部 ふくべ
大岩 おおいわ
居組 いぐみ
東浜 ひがしはま
諸寄 もろよせ
浜坂 はまさか

若桜鉄道
若桜 わかさ
八東 はっとう
徳丸 とくまる
丹比 たんぴ
安部 あべ
隼 はやぶさ
因幡船岡
八頭高校前

兵庫縣

あわくら温泉
西粟倉
大原 おおはら
宮本武蔵
石井 いしい
智頭急行
平福 ひらふく
佐用 さよう
三日月 みかづき
播磨徳久
久崎 くざき
上月 こうづき
河野原円心
苔縄 こけなわ
上郡 かみごおり
有年 うね
三石 みついし

山陽本線 さんようほんせん

姫新線 きしんせん
美作追分
美作滝尾
高野 たかの
美作大崎
勝間田
林野 はやしの
楢原 ならはら
美作江見
美作土居

津山線
誕生寺

蒜山 ひるぜん
大山 だいせん

岡山縣

伯耆溝口 ほうきみぞぐち
江尾 えび
武庫 むこ
根雨 ねう
黒坂 くろさか
上菅 かみすげ
生山 しょうやま
上石見 かみいわみ
新郷 にいざと
足立 あだち
備中神代
布原 ぬのはら
新見 にいみ
石蟹 いしが
井倉 いくら
方谷 ほうこく
備中川面
木野山
備中高梁
備中広瀬
美袋 みなぎ
日羽 ひわ
豪渓 ごうけい
総社 そうじゃ
東総社
服部 はっとり
備中呉妹
清音 きよね
三谷 みたに
矢掛 やかげ

中国勝山
久世 くせ
美作落合
刑部 おさかべ
丹治部 たじべ
富原 とみはら
月田 つきだ
姫新線

伯備線 はくびせん

比婆山 ひばやま

木次線 きすきせん
出雲八代 いずもやしろ
出雲三成 いずもみなり
出雲横田
出雲坂根
三井野原
八川 やかわ
亀嵩 かめだけ
下久野 しもくの
出雲大東
南大東
加茂中
幡屋 はたや
日登 ひのぼり

芸備線 げいびせん
備後落合
備後西城
備後八幡
内名 うちな
比婆山
備後庄原
備後三日市
備後安田
道後山
小奴可 こぬか
東城 とうじょう
野馳 のち
矢神 やがみ
坂根 さかね
市岡 いちおか

油木 ゆき
下和知
七塚 ななつか
山ノ内
三良坂
甲奴 こうぬ
上下 じょうげ
梶田 かじた
備後矢野
中畑 なかはた
河佐 かわさ
八次 やつぎ
神杉 かみすぎ
塩町 しおまち
吉舎 きさ
備後三川
備後三川
福塩線 ふくえんせん

三次 みよし
西三次
志和地 しわち
上川立 かみかわたち
甲立 こうたち
吉田口

下川辺 しもかわべ
備後本庄
横尾 よこお
神辺 かんなべ
湯田村
御領 ごりょう
万能倉 まなぐら
駅家 えきや
近田 ちかた
戸手 とで
高木 たかぎ
新市 しんいち
井原鉄道
子守唄の里高屋
早雲の里荏原
いずえ
御領
小田 おだ
矢掛
三谷

井原鉄道
新倉敷
金光 こんこう
里庄 さとしょう
鴨方 かもがた
笠岡 かさおか
大門 だいもん
東福山
備後赤坂
福山 ふくやま
松永 まつなが
尾道 おのみち
新尾道
東尾道
備後本庄
糸崎 いとざき
三原 みはら
須波 すなみ

山陽新幹線 さんようしんかんせん
東広島 ひがしひろしま
白市 しらいち
西高屋
西条 さいじょう
八本松
瀬野 せの
安芸中野
安芸幸崎
忠海 ただのうみ
竹原 たけはら
吉名 よしな
安芸長浜
大乗 だいじょう
安芸津 あきつ
風早 かざはや

河内 こうち
本郷 ほんごう
白市

大崎上島
大崎下島
伯方島
大三島
生口島 いくちじま
因島 いんのしま
向島 むかいしま
尾道

三原
須波

岡山 おかやま
北長瀬
庭瀬 にわせ
中庄 なかしょう
倉敷 くらしき
西阿知
新倉敷
金光
大元 おおもと
大安寺
備前三門
法界院
東山 ひがしやま
高島 たかしま
西川原
大多羅 おおたら
東岡山
上道 じょうとう
瀬戸 せと
万富 まんとみ
熊山 くまやま
和気 わけ
吉永 よしなが
三石
備前片上
西片上
伊里 いり
日生 ひなせ
寒河 そうご
備前福河
備前日生
備前大富
備前塩屋
香登 かがと
長船 おさふね
邑久 おく
大富 おおどみ
西大寺 さいだいじ
大多羅

赤穂線 あこうせん
坂越 さこし
播州赤穂
天和 てんわ
相生 あいおい
西相生
有年

吉備線 きびせん
備前三門
大安寺
吉備津 きびつ
備前一宮
備中高松
足守 あしもり
服部
東総社
総社

倉敷
球場前
西富井
弥生 やよい
栄 さかえ
常盤 ときわ
水島 みずしま
三菱自工前
水島臨海鉄道

宇野線 うのせん
妹尾 せのお
備中箕島
早島 はやしま
久々原
茶屋町
植松 うえまつ
木見 きみ
上の町 かみのちょう
備前田井
宇野 うの
常山 つねやま
八浜 はちはま
迫川 はさがわ
彦崎 ひこさき
備前片岡
児島 こじま

瀬戸大橋線
瀬戸大橋
児島
宇多津
坂出 さかいで
丸亀 まるがめ
多度津 たどつ
讃岐塩屋
金蔵寺
善通寺
琴平 ことひら
讃岐府中
八十場 やそば
鴨川
讃岐津田
神前 かんざき
志度 しど
栗林 りつりん
高松 たかまつ
香西 こうざい
端岡 はしおか
鬼無 きなし
国分 こくぶ
海岸寺
津島ノ宮(臨)
詫間 たくま
みの
高瀬 たかせ
比地大
観音寺 かんおんじ
本山 もとやま

燧灘 ひうちなだ

小豆島

瀬戸内海

瀬戸内海

高松琴平電鐵 P97

岡山周邊

岡山的路面電車

岡山電気軌道
岡山電車道公園
柳川 やながわ
城下 じょうげ
県庁通り
郵便局前
西大寺町
新西大寺町筋
田町 たまち
大雲寺前
東中央町
清輝橋線
清輝橋 せいきばし
小橋 こばし
中納言
門田屋敷
東山
西川緑道公園
山陽本線 赤穂線
岡山駅前
中納言
旭川
西大寺

岡山周邊

井原鉄道
伯備線
吉備線
津山線
赤穂線
岡山 おかやま
倉敷
総社 そうじゃ
清音
宇野線
山陽新幹線
山陽本線
瀬戸大橋線
本四備讃線(瀬戸大橋)
水島臨海鉄道
宇多津
児島

P96

鐵路便當：阿波土雞便當
（德島站）

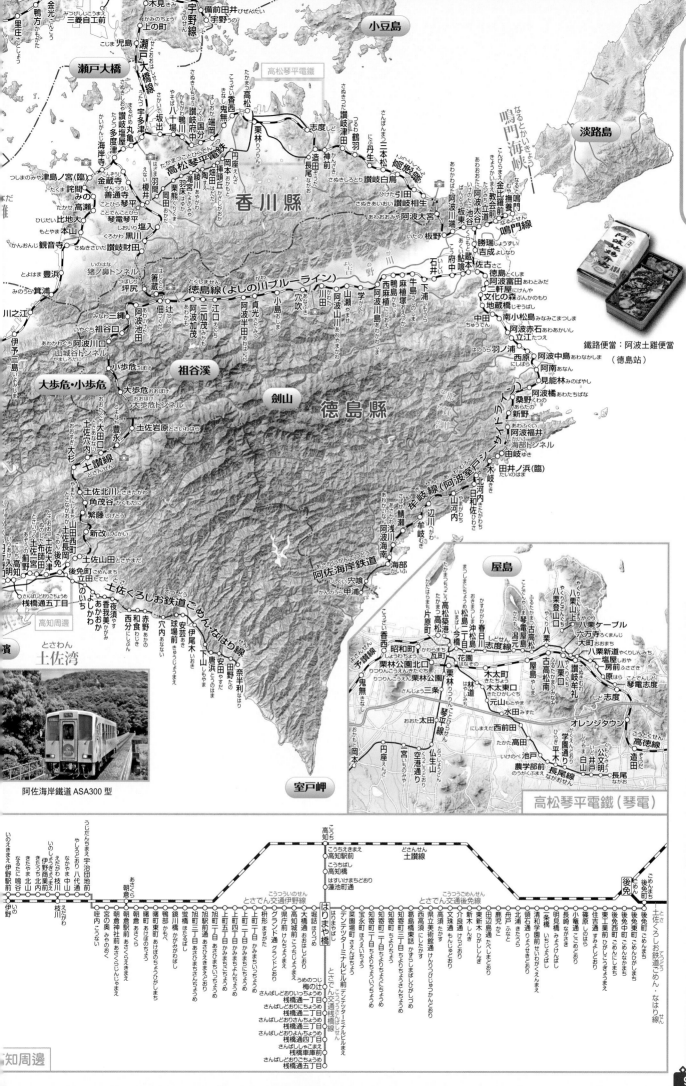

阿佐海岸鐵道 ASA300 型

松浦鐵道 MR600 型

福岡周邊鐵道路線 P102～103

新站「糸島高校前站」
已於 2019 年 3 月開通

甘木鐵道 AR300 型

筑豐電氣鐵道 5000 型

鐵路便當：雞肉飯（折尾站等）

周防灘　すおうなだ

別府湾　べっぷわん

耶馬溪　国東半島　くにさきはんとう

英彦山

岡縣

大分縣

別府溫泉　べっぷおんせん

湯布院溫泉

九重　くじゅう

くじゅう連山(中岳)　れんざん(なかだけ)

阿蘇　あそ

阿蘇山　あそさん

高千穗峽

宮崎縣

周邊 P103

日豐本線　にっぽうほんせん

久大本線　きゅうだいほんせん

豊肥本線（阿蘇高原線）ほうひほんせん（あそこうげんせん）

南阿蘇鐵道高森線　みなみあそてつどうたかもりせん

日田彥山線　ひたひこさんせん

平成筑豐鐵道

新八代 しんやつしろ
八代 やつしろ
熊本縣
肥後高田 ひごこうだ
段 だん
坂本 さかもと
葉木 はき
鎌瀬 かませ
瀬戸石 せといし
日奈久温泉 ひなぐおんせん
田浦トンネル
肥後二見 ひごふたみ
海路 かいじ
かみたのうら 上田浦
吉尾 よしお
白石 しろいし
たのうらおたちみさきこうえん たのうら御立岬公園
肥後田浦 ひごたのうら
海浦 うみのうら
肥薩線 ひさつせん
球泉洞 きゅうせんどう
西人吉 にしひとよし
渡 わたり
那良口 ならぐち
肥薩おれんじ鉄道
佐敷 さしき
勝地 しょうち
えびの高原線
くま川鉄道湯前線 くまがわてつどうゆのまえせん
湯浦 ゆのうら
相良藩願成寺 さがらはんがんじょうじ
川村 かわむら
人吉温泉 ひとよしおんせん
人吉 ひとよし
おかどめ幸福 おかどめこうふく
あさぎり
多良木 たらぎ
東多良木 ひがしたらぎ
新鶴羽 しんつるは
湯前 ゆのまえ
肥後西村 ひごにしむら
一武 いちぶ
木上 きのえ
公立病院前 こうりつびょういんまえ
肥後駅前 ひごえきまえ
免田 めんだ

天草
上島 かみしま
下島 しもしま
天草諸島 あまくさしょとう
獅子島 ししじま
津奈木 つなぎ
新水俣 しんみなまた
水俣 みなまた
袋 ふくろ
米ノ津 こめのつ
出水 いずみ
長島 ながしま

八代海 やつしろかい

大畑 おこば
矢岳 やたけ
矢岳トンネル
真幸 まさき
九州山地
日向椎葉湖 ひゅうがしいばこ

えびの
京町温泉 きょうまちおんせん
鶴丸 つるまる
吉松 よしまつ
えびの上江 えびのうわえ
えびの飯野 えびのいいの
西小林 にしこばやし
小林 こばやし
広原 ひろわら
高原 たかはる
吉都線 きっとせん
日向前田 ひゅうがまえだ
高崎新田 たかさきしんでん
東高崎 ひがしたかさき
万ケ塚 まんがつか
谷頭 たにがしら
日向庄内 ひゅうがしょうない
餅原 もちばる
三股 みまた
都城 みやこのじょう
西都城 にしみやこのじょう
五十市 いそいち
財部 たからべ
山之口 やまのくち
青井岳 あおいだけ

霧島山
韓国岳 からくにだけ
高千穂峰 たかちほのみね

日豊本線 にっぽうほんせん
襲山トンネル
霧島神宮 きりしまじんぐう
北永野田 きたながのだ
大隅大川原 おおすみおおかわら
北俣 きたまた

栗野 くりの
大隅横川 おおすみよこがわ
植村 うえむら
霧島温泉 きりしまおんせん
嘉例川 かれいがわ
中福良 なかふくら
表木山 ひょうきやま
日当山 ひなたやま
隼人 はやと
国分 こくぶ
加治木 かじき
錦江 きんこう
帖佐 ちょうさ
始良 あいら
重富 しげとみ
竜ケ水 りゅうがみず

肥薩線 ひさつせん

鹿兒島縣

日向大束 ひゅうがおおつか
日向北方 ひゅうがきたかた
志布志 しぶし
大隅夏井 おおすみなつい
福島今町 ふくしまいままち
福島高松 ふくしまたかまつ
串間 くしま
志布志湾 しぶしわん
大隅半島 おおすみはんとう
串良川 くしらがわ
肝属川

くしきの 串木野
神村学園前 かみむらがくえんまえ
市来 いちき
湯之元 ゆのもと
東市来 ひがしいちき
伊集院 いじゅういん
薩摩松元 さつままつもと
上伊集院 かみいじゅういん
広木 ひろき
鹿児島本線 かごしまほんせん
九州新幹線
隈之城 くまのじょう
木場茶屋 こばんちゃや
川内 せんだい
上川内 かみせんだい

鹿児島 かごしま
鹿児島中央 かごしまちゅうおう
郡元 こおりもと
南鹿児島 みなみかごしま
宇宿 うすき
谷山 たにやま
慈眼寺 じげんじ
坂之上 さかのうえ
五位野 ごいの
平川 ひらかわ
瀬々串 せせくし
中名 なかみょう
喜入 きいれ
前之浜 まえのはま
生見 ぬくみ
薩摩今和泉 さつまいまいずみ
宮ケ浜 みやがはま
二月田 にがつでん
指宿 いぶすき
指宿枕崎線 いぶすきまくらざきせん

櫻島
鹿児島湾 かごしまわん
錦江湾 きんこうわん
大隅半島 おおすみはんとう

薩摩半島 さつまはんとう
野間岬 のまみさき
坊岬 ぼうのみさき
枕崎 まくらざき
薩摩板敷 さつまいたしき
白沢 しらさわ
頴娃大川 えいおおかわ
松ケ浦 まつがうら
薩摩塩屋 さつましおや
水成川 みずなりかわ
石垣 いしがき
頴娃 えい
西頴娃 にしえい
御領 ごりょう
薩摩川尻 さつまかわしり
東開聞 ひがしかいもん
開聞 かいもん
入野 いりの
大山 おおやま
西大山 にしおおやま
山川 やまかわ
池田湖 いけだこ
開聞岳 かいもんだけ
日本最南端的車站

折口 おりぐち
野田郷 のだごう
阿久根 あくね
牛ノ浜 うしのはま
薩摩大川 さつまおおかわ
西方 にしかた
薩摩高城 さつまたき
草道 くさみち
西出水 にしいずみ
高尾野 たかおの
第三紫尾山トンネル

出水駅・鹿児島中央站
鐵路便當：紅酒牛排便當

指宿 いぶすき

佐多岬

崎縣

日向

あさひがおか 旭ヶ丘
土々呂 ととろ
門川 かどがわ
日向市 ひゅうがし
財光寺 ざいこうじ
南日向 みなみひゅうが
美々津 みみつ
東都農 ひがしつの
都農 つの
川南 かわみなみ
高鍋 たかなべ
日向新富 ひゅうがしんとみ
佐土原 さどわら
日向住吉 ひゅうがすみよし
蓮ケ池 はすがいけ
宮崎神宮 みやざきじんぐう
宮崎 みやざき
南宮崎 みなみみやざき
田吉 たよし
宮崎空港 みやざきくうこう
宮崎空港線 みやざきくうこうせん
加納 かのう
南方 みなみかた
木花 きばな
運動公園 うんどうこうえん
子供の国 こどものくに
青島 あおしま
折生迫 おりゅうざこ
内海 うちうみ
小内海 こうちうみ
伊比井 いびい

日南海岸

北郷 きたごう
内之田 うちのだ
飫肥 おび
日南 にちなん
油津 あぶらつ
大堂津 おおどうつ
南郷 なんごう
谷之口 たにのくち

日豊本線 にっぽうほんせん

日向灘 ひゅうがなだ

清武 きよたけ
谷之城トンネル

肥薩橙鐵道 HSOR100 型

沖繩都市單軌電車「YUI-RAIL」

那覇港 なはこう

てだこ浦西 てだこうらにし
浦添前田 うらそえまえだ
経塚 きょうづか
儀保 ぎぼ
市立病院前 しりつびょういんまえ
古島 ふるじま
おもろまち
美栄橋 みさきばし
県庁前 けんちょうまえ
石嶺 いしみね
安里 あさと
牧志 まきし
旭橋 あさひばし
首里 しゅり
壺川 つぼがわ
那覇空港 なはくうこう
小禄 おろく
奥武山公園 おうのやまこうえん
赤嶺 あかみね
ゆいレール展示館

沖繩都市單軌電車「YUI-RAIL」
首里～日子浦西將於 2019 年夏天開通

ℹ YUI-RAIL 的音樂

YUI-RAIL 在抵達各站前或從起點站發車前，
車內會播放以沖繩童謠或民謠改編而成的音樂。

站名	曲名
那覇機場站	谷茶前
赤嶺	花之風車
小禄	小禄豐見城
奧武山公園	螢火蟲
壺川	唐船 DO-YI
旭橋	海之蝶蝶
縣廳前	鳳仙花
美榮橋	里芋雜炊
牧志	草莓
安里	安里屋小調
Omoromachi	真是可喜可賀
古島	月之美
市立醫院前	合聲
儀保	芭蕉布
首里	赤田首里殿内
石嶺*	chon chon kijimuna
經塚*	蝶小調
浦添前田*	祝賀小調
日子浦西*	打氣小調

*石嶺・經塚・浦添前田・日子浦西星預定曲目

辺戸岬 へどみさき

國頭 くにがみ

与那覇岳 よなはだけ

東シナ海

伊江島 いえじま

古宇利島 こうりじま

本部半島 もとぶはんとう
屋我地島 やがじしま
瀬底島 せそこじま
八重岳 やえだけ

名護

名護湾 なごわん

沖繩島 おきなわじま

沖繩縣

恩納岳 おんなだけ

残波岬 ざんぱみさき

金武湾 きんわん

伊計島 いけいじま
宮城島 みやぎじま
平安座島 へんざじま

太平洋 たいへいよう

カンナ崎 かんなざき

中城湾 なかぐすくわん

知名崎 ちなさき

久高島 くだかじま

沖繩都市單軌電車 YUI-RAIL

那覇空港 なはくうこう
YUI-RAIL 展示館
首里 しゅり
たてこうらにし てだこ浦西 てだこうらにし

那覇

鐵路便當：香菇飯（宮崎站）

於沖繩藍天下行駛的YUI-RAIL

九州地區

九州北部・九州南部・沖縄・福岡周邊鐵道路線

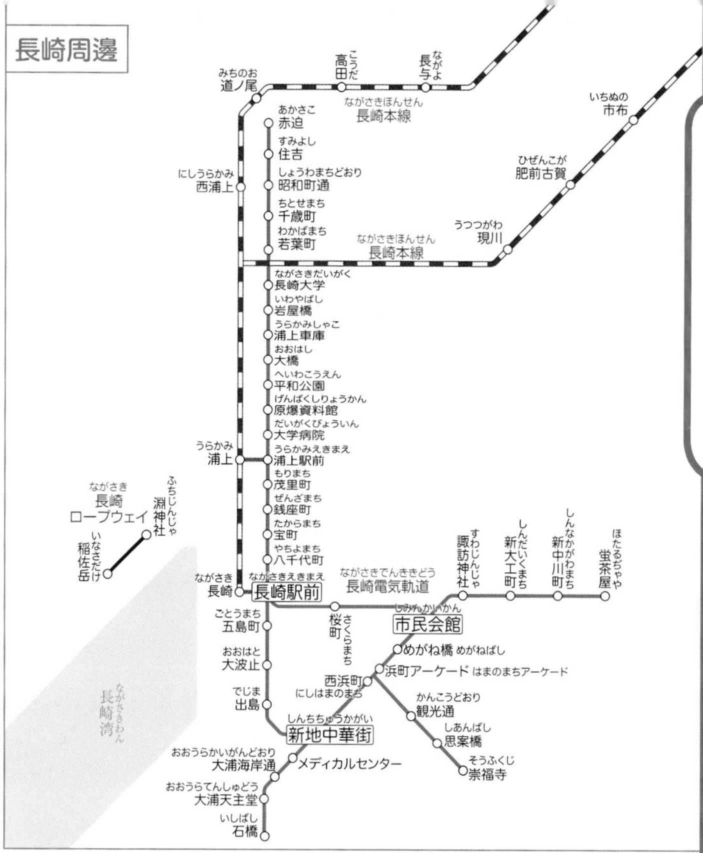

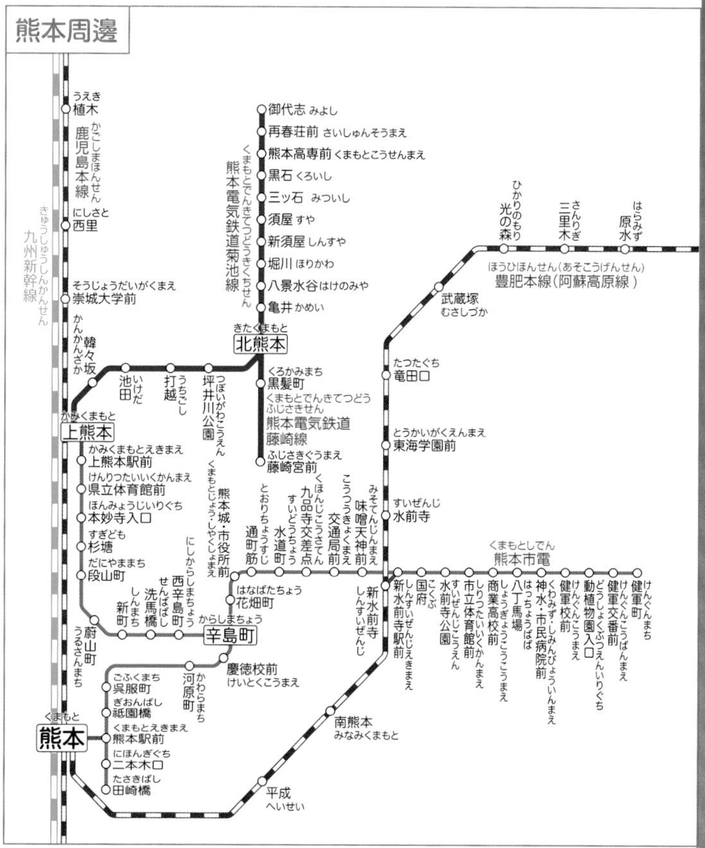

長崎周邊

熊本周邊

鹿児島周邊

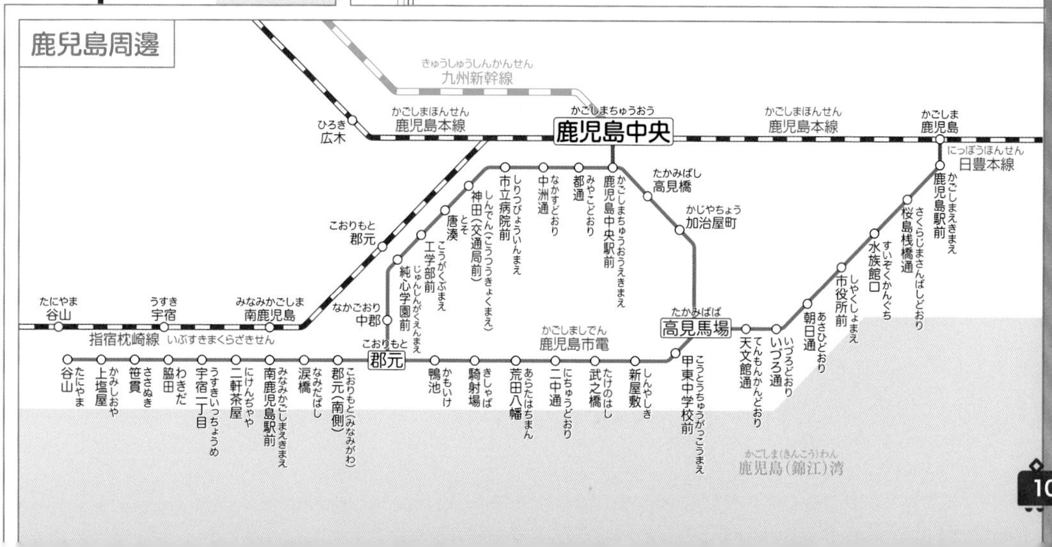

103

遵守規則

拍攝鐵道照片時有幾項常規。為了享受拍攝喜歡的列車之樂趣，也為了順暢無礙地拍攝，規則與禮儀都是不可少的。請務必遵守，大家一起和樂融融地享受攝影。

【月台上的規則與禮儀】

○月台上禁用三腳架或梯子
使用三腳架或梯子會妨礙乘客或站務員，而且如果倒下會很危險。因此禁止使用三腳架或梯子。

○遵循站務員的指示
從月台拍攝時請聽從站務員的指示。

從柵欄外側拍攝很安全，但還是要聽從工作人員的指示

○請勿往鐵道方向探出身體
月台上靠鐵道那側有畫白線並鋪設視障者專用的導盲磚（點字磚），再往前方鐵道的方向探出身體進行拍攝是很危險的，請避免這麼做。

【從鐵道附近拍攝時的規則與禮儀】

○切勿太靠近鐵道
禁止進入鋪設鐵道的範圍內。此外，太接近鐵道有被列車擦撞到的危險，因此不可太過靠近。遠離鐵道能拍出較好的照片。同理，在平交道的柵欄處也請避免將身體探出去。

○切勿使用閃光燈
不光是鐵道附近，在車站內拍攝時也請勿使用閃光燈，以免妨礙駕駛的視野。

○切勿進入田地或民家
請勿擅自進入沿線的農地或住宅地等。此外，也要留心避免損傷農作物或折斷樹枝等。

遵守規則，從鐵道範圍外拍攝。在稍遠處能拍攝出較佳的照片

【攝影的規則與禮儀】

○打個招呼吧
拍攝地若有其他攝影者，不妨打聲招呼。

○先搶先贏
攝影景點有時會聚集許多人，規則是先來的人先佔位。當自己較早抵達時，若能稍微禮讓後到的人，彼此就都能拍得很愉快。

拍攝時，最好先確認自身安全並且也要多留意乘客

○注意來車方向，
車有時會從反方向駛來，因此拍攝前最好先確認來車方向

○安靜地拍攝
因為感動而情不自禁地想大呼小叫是可以理解的，但是可能有其他人正在錄影，因此在列車通過前最好避免發出聲響。此外，智慧型手機等請先設定為靜音。

○保持攝影地的清潔
垃圾請帶回家。

○停車時請避免造成他人困擾
這點是對家長的提醒。有時攝影景點位於郊外，開車較為方便，但是停車時請避免違規或是造成他人困擾。請遵守交通規則並留意行車安全。

從安全處和最愛的蒸汽機關車合影